AF216289

SPLITTERBLICK

Stephanie Mattner & Michael Pilath

Bibliografische Information der Deutschen Nationalbibliothek:
Die Deutsche Nationalbibliothek verzeichnet diese Publikation
in der Deutschen Nationalbibliografie; detaillierte bibliografische
Daten sind im Internet über http://dnb.d-nb.de abrufbar.

www.sternenblick.org
kontakt@sternenblick.org

Herausgeber:
Stephanie Mattner & Michael Pilath

Cover- & Buchgestaltung:
Stephanie Mattner

Alle Illustrationen im Buch © Peter Starcke
www.starckewortbilder.de

Herstellung und Verlag:
BoD - Books on Demand, Norderstedt

ISBN: 978-3-7494-2154-1

Vorwort
— stephanie mattner

Mit „SplitterBlick" entsteht der Nachfolger zur 2015 erschienen Erfolgsanthologie „TrümmerSeele". Seinerzeit beteiligten sich über 400 Poeten und Poetinnen aus dem deutschsprachigen Raum an unserer Ausschreibung „Dichter für Flüchtlinge". Über hundert hatten es in die Anthologie geschafft, die in Folge auch als Hörbuch erschien. Um künftig weitere gesellschaftskritische Themen aufgreifen zu können, entschlossen wir uns den Aufruf als „Dichter für Toleranz" weiter zu führen.

Für diesen Band haben wir 30 Autorinnen und Autoren gewinnen können, die sich nicht nur schreibend, sondern ganz konkret für ihre Mitmenschen einsetzen. Jeder hatte die Gelegenheit uns mehrere Texte einzureichen, aus denen wir knapp 90 Beiträge ausgewählt und hier zusammengestellt haben. Wir danken den Autoren für ihre Mitwirkung und richten auch einen besonderen Dank an den Künstler Peter Starcke, der unser Buch abermals mit seinen Illustrationen bereichert und thematisch vertieft.

Auch als Verein wird „SternenBlick" künftig die Verkaufserlöse der Anthologien für wohltätige Zwecke spenden. Die jeweiligen Spendenbegünstigten sind auf der Webseite des Vereins einsehbar:

www.sternenblick.org

toleranz - versuch einer erklärung

— michael pilath (herausgeber)

„Vielleicht gibt es schönere Zeiten, aber diese Zeit ist unsere!" sagt Sartre. Wir leben derzeit in einer zerrissenen Welt, die dampft voller tumber Egozentriker und Nationalisten, die Sorge haben wieder einmal zu kurz zu kommen. Dieses Phänomen findet sich nicht nur in Deutschland und seinen europäischen Nachbarländern, sondern auch in den USA, Russland etc. Dabei könnte das Leben oder Beleben von Toleranz uns viel mehr helfen als manche meinen.

Toleranz, was ist Toleranz?
Ist Toleranz ein Schimpfwort, Wunschdenken, Phantastereien Durchgeknallter, Rechter, Nationaler, Linker, Sozialisten, Konservativer oder Liberaler, Gutmenschen, Rassisten, Homophoben, radikaler Glaubensfanatiker, Retter des Abendlandes, Wiederhersteller des Zarenreiches, America-Great-Again-Jodler, Ja-Aber- oder Da-Will-Ich-Nichts-Mit-Zu-Tun-Haben Menschen?

Toleranz
Ist das dieses Augen-Verschließen oder Wegschauen vor unangenehmen Folgen? Beinhaltet Toleranz auch die Meinungsfreiheit jedes einzelnen. Wie weit geht die Meinungsfreiheit? Wo sind die Grenzen, wenn überhaupt, zwischen Respekt und Akzeptanz?

Toleranz

Muss ich den aggressiven Gebrauch von Sprache, Beschimpfungen, Fäkalinjurien ertragen, gilt das auch für Widerspruch? Muss ich so weit gehen wie Voltaire, als er sagte: „Ich mag verdammen, was du sagst, aber ich werde mein Leben dafür einsetzen, dass du es sagen darfst!" Jeder entscheidet das für sich selbst ohne Zwang und bedingungslos.

„Toleranz

...ist gut, aber nicht gegen Intoleranz" Wilhelm Buschs Aussage steht der Voltaire'schen gegenüber. Dies ist natürlich abhängig von dem Blickwinkel des Betrachters, wie in vielen Parlamenten derzeit leidvoll erfahren, der Bewertung von Fakten, der Lebensumstände und Lebenserfahrung. Toleranz darf jedoch niemals so stark ausufern, dass Intoleranz gefördert wird und Intolerante ihre Vorteile daraus ziehen können.

Sie werden sich fragen, warum finde sich hier keine valide Definition sondern nur Fragen und persönliche Gedanken des Schreibers. Der Schreiber meint es gibt keine. Jeder Mensch hat die Freiheit zu glauben, was er will, welche Fakten er wie bewertet.

Ich halte es mit Kant: „Aufklärung ist der Ausgang des Menschen aus seiner selbstverschuldeten Unmündigkeit. Unmündigkeit ist das Unvermögen, sich seines Verstandes ohne die Leitung eines andern zu bedienen. Selbstverschuldet ist diese Unmündigkeit, wenn die Ursache nicht am Mangel des Verstandes, sondern an der Entschließung und des Mutes liegt, sich seiner ohne Leitung eines andern zu bedienen. Habe Mut, dich deines eigenen Verstandes zu bedienen, ist also der Wahlspruch der Aufklärung."

In diesem Sinne fordere ich den Leser auf, mutig und tolerant, wenn erforderlich intolerant, zu sein.

fahira

— robin uphoff

Mal malt das leise Mädchen Lehmsteinorte
in sich selbst und lehnt ein Lächeln an
und tief im Schweigen reifen fremde Worte
die im Mund zu grauem Staub zerrinnen.

Mal leuchten ihre Onyxaugen dann
geht kaltes Licht hindurch und bricht sich innen
und dahinter neigen Prismafunken
sich zu all den stillen Bildern hin.

Mal fühlt sie atemlos in sich versunken
den Wolkenbruch mit weißer Wellenhand
nach ihrem Herzen greifen bis darin
fast nichts mehr ist. Nur Lehm. Und Salz. Und
Sand.

schilan

— barbara naziri

Sami wälzte sich ruhelos auf seinem Lager. Das Laken unter seinem Körper war zerwühlt und seine Hände krallten sich haltsuchend in den dünnen Stoff. Er zitterte. Kalter Schweiß bedeckte seine Stirn, während er nach Atem rang. Plötzlich entwich seiner Kehle ein qualvoller Schrei. Wie ein Geschoss durchbrach er das Schweigen der Nacht, die ihn gleichmütig aufnahm und verschluckte. Das Toben des Krieges verfolgte Sami selbst in seinen Träumen. Nirgends war er vor ihm sicher. Die todbringenden Flieger warfen ihre Bombenteppiche meist nach Mitternacht auf die schlafende Stadt. Ganze Straßenzüge gingen in Flammen auf und die Gebäude brachen auseinander wie Kartenhäuser. Menschen rannten schreiend auf die Straße, manche wie lebende Fackeln, die mit rudernden Armen auf und nieder wippten, bis sie in Zeitlupe zu Boden sanken und erloschen. Ihre Todesschreie hatten alles Menschliche verloren. Diese Schreie manifestierten sich in seinem Unterbewusstsein. Er konnte sie nicht wegradieren und besonders in der Stille hörte er sie überdeutlich. Der Schweiß klebte ihm sein Hemd an die Brust wie eine zweite Haut. Keuchend richtete er sich auf und starrte in die Dunkelheit. Da spürte er eine kleine Hand auf seinem Arm.

„Schilan", hauchte er, „ich wollte Dich nicht stören..." Obwohl es stockfinster war, sah er ihr zartes Gesicht deutlich vor sich, die großen, viel zu ernsten Augen, das kleine Näschen und den empfindsamen Mund, all diese Schönheit eingerahmt in ihre wilde Lockenpracht. „Schon gut, Baba. Ich bin gern bei Dir."

Er streckte die Hand nach ihr aus. „Mein Blümchen,

was hast Du ertragen müssen. Wie gern hätte ich Dich geschützt vor all dem Bösen da draußen. Dein Leben sollte unbeschwert von allem Leid sein. Aber ich habe versagt."

„Es ist nicht Deine Schuld, Baba."

„Und doch ruht dieser Fels auf meinem Herzen. Sag, mein Kind, was haben wir gewonnen?" Sami senkte den Kopf. „In mir gibt es etwas, das sprachlos ist. Ich habe das Gefühl, meine Stimme hat sich darin versteckt und ein Teil meines Ichs will nie wieder zum Vorschein kommen. Der Krieg trennt die Menschen, verfolgt die Friedlichen und macht sie zu Opfern. Er treibt sie vor sich her wie verlorene Schafe über Berge und durch Wüsten bis sie an den Ufern der Ungewissheit stranden. Dort gibt es kein Zurück. So bleibt ihnen, entweder an Land zu sterben oder sich den gefräßigen Wellen entgegenzuwerfen und aufs Überleben zu hoffen."

Ein Schluchzen würgte in seiner Brust. Wie so häufig ergriff ihn diese Eiseskälte, die schlagartig durch seine Adern schoss, seinen Kopf mit Wasser zu füllen schien und ihm Gänsehaut verursachte. Seine Zähne begannen zu klappern und er schlug sich mit den Händen auf den Kopf, um das Trauma abzuschütteln, das ihn immer wieder einholte.

Hilflos hob er die Arme: „Komm an mein Herz, Schilan!"

„Du weißt, dass ich das nicht kann, Baba." Schilan blieb unbeweglich sitzen und schaute ihn traurig an. „Bitte weine nicht, Baba. Deine Tränen tun mir weh." Sami verbarg sein Gesicht in den Händen. Seine Schultern zuckten. Schilan erhob sich und strich ihrem Vater sanft über das Haar. Hatten sie die Rollen vertauscht? War sie nun die Mutter und er das Kind? Als könne er ihre Gedanken raten, nahm er die Hände vom Gesicht. „Wie geht es Deiner Mutter und warum kommt sie nicht zu mir?"

„Sie schafft es nicht. Alles ist so neu für sie. Sie muss sich erst daran gewöhnen." „Können wir uns überhaupt daran gewöhnen, was passiert ist?" fragte Sami. „Wie können wir diesen Schmerz ertragen? Überall gibt es Grenzen. Sie ziehen sich sogar durch unsere Herzen. Meine Augen sind Gitterstäbe, denn ich sehe keine Freiheit, auch hier nicht, wo ich mich nicht frei bewegen kann, wo ich immer gegen Grenzen laufe. Ich bin ein Fremder in diesem Land und unwillkommen. Ich werde wie ein Übel behandelt, das behoben werden muss. Eine Nummer, die man nicht verhungern lässt. Doch der Schmerz frisst meine Seele auf. Sag mir, mein Kind, wofür soll ich noch leben?"

Unwillkürlich schweiften Schilans Gedanken zurück an diesen schicksalsschweren Tag, der ihr aller Leben verändert hatte. „Lebe, weil ich Dich liebe, Baba. Ich bin immer bei Dir und solange wir uns lieben, können wir einander nicht verlieren."

Er seufzte. „Bin ich ein schwacher Mensch, weil ich so jammere?"

„Nein, nur ein trauriger Baba", antwortete sie und lächelte das erste Mal. Und dieses Lächeln wärmte sein Herz. „Ich bin doch da", fuhr sie fort. „Was morgen ist, das wissen wir nicht. Verzeih, dass ich über morgen nicht sprechen kann, aber unsere Herzen lassen sich nicht trennen." Sie hauchte einen Kuss auf seine Stirn und verließ den Raum.

Sami sank endlich in einen traumlosen Schlaf und als er erwachte, beschloss er, hinunter in den Hafen zu gehen und den Schiffen beim Ein- und Auslaufen zuzuschauen. Das beruhigte. Es war zur Hauptverkehrsstunde. Die Menschen, denen er begegnete, eilten geschäftig zu Bussen und Bahnen oder auf die Fähren, die sie ans andere Ufer übersetzten. Er hockte sich auf ein Rasenstück oberhalb der Landungsbrücken. Hin und wieder saß er hier, um sich durch das bunte

Treiben abzulenken oder seinen Gedanken einfach nachzuhängen. Das Tuten der Schiffe, die sich begrüßten, wirkte beruhigend auf sein Gemüt. Sein Blick schweifte auf ein schwerbeladenes Containerschiff, das sich haushoch gegen die anderen Schiffe abhob. Lotsenboote waren eifrig bemüht, diesen Riesen in der Fahrtrinne zu halten. Leichter Niesel lag in der Luft. Im Norden regnete es häufig. Er dachte an Dscharābulus, seine alte Heimatstadt, in der es heiß und trocken war und in der sich die Menschen über jeden Tropfen Regen wie die Kinder freuten. Damals, als es dort noch friedlich zuging, war er glücklich gewesen. Er hatte Eltern und Brüder gehabt und eine kleine Silberwerkstatt, von der er gut leben konnte. Bereits im Alter von 22 Jahren heiratete er die 19jährige Zehra und als Schilan, seine kleine Wildrose, geboren wurde, war er der glücklichste Mensch in ganz Dscharābulus gewesen, denn insgeheim hatte er sich eine Tochter gewünscht. Der strahlende Großvater hatte ein Lamm zu Ehren seiner Kleinen geschlachtet und alle Nachbarn wurden eingeladen, um diese Freude mitzufeiern. Schilan oder sein Blümchen, wie Sami sie zärtlich nannte, wuchs zu einem klugen und liebenswerten Kind heran, das oft in der Werkstatt saß, um ihm bei der Arbeit zuzuschauen und munter mit ihm plauderte. In der Straße belächelten die Nachbarn die beiden Unzertrennlichen und einige flüsterten hinter vorgehaltener Hand, im Hause Samis würde es wohl keinen Sohn mehr geben, denn Schilan reiche völlig aus, um eines Tages die Werkstatt zu übernehmen.

Die glücklichen Tage waren jedoch gezählt. Wie eine dunkle Wand erhob sich die Bestie Krieg und wurde zum Menschenfresser. In seinem Gefolge zogen vermummte Mörderbanden, schwarze Fahnen schwingend, durch die Straßen. Sie folterten, vergewaltigten und köpften im Namen ihres imaginären Gottes Männer, Frauen und Kinder, um ihre Opfer selbst im Tode noch zu verhöhnen. Junge Mädchen wurden versklavt und mussten ihren Schergen dienen. Im Nu hatten die Banden die gesamte Stadt erobert und Samis Eltern gehörten zu den ersten Opfern. Ihr Haus wurde verwüstet und die beiden Alten erschossen. Kaum hatte Sami sie beweint und begraben, fielen seine Brüder, die im Widerstand gekämpft hatten. Ganze Straßenzüge standen im Feuer, die Schreie der Sterbenden und Verletzten übertönten die prasselnden Flammen. Auf dem Friedhof reichten die Gräber nicht mehr aus und die tiefen Gruben der Massengräber konnten die Opfer kaum fassen. Über der Stadt lag ein süßlicher Leichengeruch. Viele Tote lagen unter den Trümmern. Es mangelte an Werkzeugen. So gruben die Männer oftmals mit bloßen Händen nach den Opfern. Plünderer zogen überall umher, um selbst die Toten noch auszurauben. Nach einer Bombennacht lag Samis Werkstatt in Schutt und Asche und mit ihr seine Existenz. Seinem kleinen Haus war eine tragende Wand weggebrochen und es drohte einzustürzen, während die schwarzen Mörderbanden wie die Ratten allgegenwärtig waren. Sie mordeten und kreuzigten die Menschen, die sich ihnen nicht unterordneten, und die Liste ihrer Gräueltaten zog sich wie eine blutige Spur durch die ganze Stadt. Da beschloss Sami, die Flucht über das Meer zu wagen. Nach Europa. Die Türkei bot ihnen keine Sicherheit, im Gegenteil. Hier wurden sie weiter verfolgt, nur die Gründe waren andere. Das friedliche, wohlhabende Europa aber barg die Hoffnung aller Flüchtenden, denen es nur um das nackte Überleben ging. Es war die einzige Möglichkeit, noch einmal neu anzufangen und Zehra und seiner kleinen Schilan ein sicheres Leben zu bieten. Sami zuckte zusammen. Der Schmerz kam nicht überraschend, auch nicht die quälende Erinnerung, die er immer wieder verbannen wollte. ... Er schreckte aus seinen Gedanken hoch und blickte neben sich.

„Schilan, da bist Du ja! Wie hast Du mich gefunden?"

„Ich werde Dich immer finden, mein lieber Baba!" lächelte das Kind. „Lass uns ein wenig spazieren gehen! Ich habe eine Überraschung für Dich."

„Eine Überraschung?" Schwerfällig richtete er sich auf. Dann folgte er Schilan durch den Park. Ihr Weg führte sie Richtung Bismarckdenkmal. Der Niesel verflüchtigte sich und die Sonne teilte das Wolkenband, um die feuchte Luft mit ihren Strahlen aufzusaugen. Im Park zwitscherten die Spatzen und stritten sich munter um die Brotkrümel, die dort jemand für sie gestreut hatte. Sami plauderte mit Schilan. Es tat gut, sie an seiner Seite zu wissen. Ein paar Passanten kamen ihnen entgegen und musterten ihn überrascht, aber das war er gewohnt. Anfangs hatte er vor dem Spiegel gestanden und sich gefragt, was denn so anders an ihm war. Inzwischen hatte er es aufgegeben, darüber nachzudenken, und das Starren störte ihn nicht mehr. Sie schienen nun allein im Park zu wandern, denn keine Menschenseele zeigte sich. Als sie beim Denkmal eintrafen, stockte Samis Herz.

„Zehra!" rief er, „Du bist gekommen!"

Sie lächelte ihn an. „Ja, Sami, ich wollte Dich noch einmal sehen. Es ist mir nicht leicht geworden, aber es tut gut."

Er eilte auf sie zu. „Verzeihst Du mir?"

„Was hätte ich Dir zu verzeihen? Du hast Dir nichts zu Schulden kommen lassen."

„Aber ich fühle mich schuldig."

„Ziehe diesen Stachel aus Deinem Herzen, mein Liebster. Gegen das Schicksal können wir nicht kämpfen, denn es wird von außen an uns herangetragen. Schlage Dir selber keine Wunden, damit die Wunde Deines Herzens heilen kann."

„Es schmerzt mich, Zehra, Dich wieder gehen zu lassen."

Sie trat auf ihn zu und berührte zärtlich seinen Arm. „Mach es uns nicht unnötig schwer, mein lieber Sami. Du spürst doch, Liebe ist unsterblich."

„Ich weiß es – auch… dass uns kein anderer Weg bleibt."

„Was ist mit Dir, Schilan?" fragte Zehra.

„Ich bleibe noch ein wenig bei Baba."

„Gut, ich warte dann auf Dich. Leb wohl, mein lieber Sami. Es wird nicht ewig dauern, bis wir uns wiedersehen."

Sami trat auf sie zu. Da hauchte sie ihm einen Kuss auf die Wange und ging, ohne sich noch einmal umzublicken. Sami beherrschte sich mühsam, ihr nicht hinterher zu laufen, obwohl die Sehnsucht nach ihr sich kaum noch ertragen ließ. Betrübt setzte er sich auf die Steinstufen des Monuments und Schilan hockte sich neben ihn.

Beide schwiegen. Sami spürte seine Tränen nicht mehr. So viel hatte er in letzter Zeit geweint, um die Lieben, die er vermisste, die Heimat, die es nicht mehr gab und die Fremde, in der er innerlich zu sterben glaubte. Ein paar Jugendliche stiegen laut schwatzend die Stufen zum Denkmal empor. Sie stutzten, als sie ihn bemerkten. „Hey Alter, so schlimm kann es doch nicht sein!" rief einer, zückte eine Zigarette, hielt sie ihm hin und bot ihm Feuer an. Sami verstand zwar die Sprache nicht, jedoch die Gebärde. Dankbar nahm er die Zigarette entgegen. Ein anderer klopfte ihm auf die Schulter und dann stiegen sie die restlichen Stufen zum Denkmal empor und verschwanden hinter seinem Schutz.

Schilan flüsterte erstaunt: „Aber Du rauchst doch gar nicht, Baba!"

„Es ist die Geste, mein Täubchen. Sie haben es lieb gemeint und es hat mir gut getan."

Als er in der Dämmerung sein Zimmer betrat, war ihm etwas leichter ums Herz. Er kochte sich einen Tee und aß ein bisschen Brot. Dann schaltete er den Fernseher an und lauschte der fremden Sprache, von der er kaum ein Wort verstand. Einfach Leben...

Am nächsten Morgen klopfte der Sozialarbeiter schon zeitig an seine Tür. „Guten Morgen, Sami! Ich bin Yezdan und werde Dich heute begleiten. Hast Du Deine Papiere dabei? Wir sind gut in der Zeit und müssen nicht so hetzen."

Beide liefen zu Fuß entlang der paar Blöcke bis zur Ausländerbehörde. „Heute wollen wir schauen, was sie uns für Integrationskurse anbieten können. Du musst schnellstens die Sprache erlernen. Dann bist Du weniger auf mich angewiesen und kannst selbständiger sein." Sie zogen eine Nummer und warteten.

Im Amtszimmer empfing sie eine ältere Dame. Sie zog die Brille auf ihre Nasenspitze und blickte Sami prüfend an. „Also, Sie wollen an einem Integrationskurs teilnehmen?" Mit einer Handbewegung forderte sie ihn auf, sich zu setzen. Sami nahm auf der Stuhlkante Platz. Sie forschte auf dem Monitor und runzelte die Stirn. „Der nächste freie Kurs beginnt in drei Wochen." Yezdan übersetzte. Sami nickte und bat um die Unterlagen. Die Sachbearbeiterin streckte die Hand aus. „Erst einmal muss ich noch in Ihre Papiere schauen. Haben Sie noch Familie – Frau und Kinder – für die wir Plätze reservieren müssen?" Yezdan übersetzte. Sami schwieg und senkte den Blick. Yezdan berührte ihn an der Schulter. „Hast Du die Frage nicht verstanden?"

„Doch, jetzt habe ich verstanden", entgegnete Sami leise. „Ich habe eine Frau. Sie heißt Zehra und eine Tochter, sie heißt Schilan."

„Und wo sind sie denn?" fragte die Frau ungeduldig. Sami sah die Frau an und klopfte mit der flachen Hand auf sein Herz. Er biss sich auf die Unterlippe, bis sie schmerzte und er Blut schmeckte. Der Schmerz, der wellenartig durch seinen Körper zuckte, verebbte mit der Wahrheit, der er sich nun stellte.

„Sie sind auf der Flucht im Meer ertrunken."

syria
— jens junk

Ich konnte nicht schlafen,
die Bomben, sie fielen,
als würden sie zielen
auf uns, die sie trafen.

Ich hör noch das Schreien,
ich spür diese Schmerzen
an Körper und Herzen.
Bin ich allein?

So viele sind tot,
verkrüppelt und krank
in Schutt und Gestank.
Das Blut ist so rot!

Ich hör noch das Schreien,
ich spür diese Schmerzen
an Körper und Herzen.
Ist das zu verzeihen?

Was hab ich getan,
dass sie mich so strafen?
Die Angst will nicht schlafen
vor solch Mörderwahn!

Ich hör noch das Schreien,
ich spür diese Schmerzen
an Körper und Herzen.
Was soll ich verzeihen?

Mit kreischenden Stimmen
drängt alles ins Boot,
kein Wasser, noch Brot,
und keiner kann schwimmen.

Ich hör noch das Schreien,
ich spür diese Schmerzen
an Körper und Herzen.
Wie soll ich verzeihen?

Der Leib ist geritzt,
geschwollen, geschunden.
Was hab ich gefunden?
Der Stacheldraht blitzt!

Sie hör'n nicht das Schreien,
sie spür'n keine Schmerzen,
sie sind ohne Herzen,
um uns zu befreien.

Ich hör noch das Schreien,
ich spür noch die Schmerzen
an Körper und Herzen,
und nicht ich allein!

garten mit datteln

— magnus tautz

Das ist syrisch,
typisch syrisch,
sagst du
in der Küche

und ich reiche
dir ein paar
nützliche Wörter
auf Deutsch und
denke:
typisch deutsch,

hat meine Mutter
immer gekocht –
damals. Und ich
denke:
etwa vor einem Jahr.

Wenn Krieg vorbei ist,
sagst du, koche ich
für Mutter
in einem Garten
mit Datteln

und ich habe sie
nicht gezählt,
die Bomben und
Granaten, die in
unseren Gesprächen
ganz nebenbei
vom Himmel fielen.

eine bittere story
oder
ambrose bierce heute

— jürgen polinske

da geht er freiwillig
kosovo, der sudan afghanistan
verteidigen der menschen rechte
soll eines der ziele sein
von eva
der liebsten einen brief
er trägt ihn in der tasche
die auf seiner brust
gehe liebster
tapfer
viel geld verdienen
sei ein held
dann werde ich dein sein
gut geht es den anderen
die schon dort gewesen
was soll schlimmes passieren
selbst mutters spruch
„sie will keinen sohn beweinen"
hat sich überlebt

da wo er ist, ist schießen

aufrecht geht adam
sucht keine deckung
lacht der gefahr
sagen soll man
keinen augenblick
indem er nicht tapfer war

der teufel ist ein zufall
es verirrt sich
nur ein einziger schuß
geht zwischen die zeilen
bleibt stecken tief darunter
in seiner brust

der neben ihm streiter
der ihr
die nachricht überbringen muß
betroffen von ihren zeilen
kehrt um auf dem weg zum soldaten
wird wieder mensch

ihre augen nach ursachen fragen
wie tapfer er gestorben
dem überbringer der botschaft aber
ist der hals zugeschwollen
zu deutlich ihre zeilen zuvor

mühsam quetscht er hervor:
von einer schlange gebissen

die ringelnatter

— michael pilath

Falsch, feige,
stark, brutal,
glänzend, geschmeidig,
im Abendrot fahl ,
so zischt sie dahin,
hastet ohne Ruh'
kämpft gegen Liebe,
entzieht ihr das Blut,
im Gesicht zwei Zähne,
böse Bewaffnung,
absorbiert jedes, alles,
allen die Hoffnung.

Die Ringelnatter heißt Mensch!

kasakov-komplex

— vinzenz fengler

Wir haben die Äpfel gehäutet wie Schlangen und unsere Lügen Lügen gestraft. Uns trifft keine Unschuld mehr. All unsere Brüche sind echt. In den Gedanken. In den Biographien. Und in den Knochen auch. Aber man kann uns nichts nachweisen. Wir sind selbst die Weiser. Des Vor. Des Zurück. Und des Weges auch. Uns kann man nichts vorwerfen. Die Uhren sind in der Zeit aufgegangen, die wir uns stahlen. Das Ticken hat die Zeiger ersetzt. Und die Fenster haben ihre Kreuze gestrichen wie Unterschriften des Durchblicks. Uns kann man nichts nachwerfen. Wir selbst sind das Zeichen der Zeit. Und das Ticken der Bombe. Und das Amen auch. Aber wir sind nichts. So ist es. Und so ist es nicht. Es ist ganz anders. Wir haben die Liebe aufs Kreuz gelegt und bestiegen wie tollwütige Füchse. Und wir haben der Schlange den Kopf abgebissen. Uns wird man nicht zurückweisen können. Aber die Schlange war unser Nachbar war unser Nachbar war unser Nachbar. Die Schlange waren wir selbst. Uns wird man das nicht ankreiden können. Und nicht unserer verstellten Stimme. Und den Steinen im Magen nicht. Wir sind uns selbst in den Brunnen gefallen. Und haben zu zählen vergessen. Unsere Tiefe ist nicht mehr auszuloten. Uns wird man nicht mehr heben können. Und nicht den zerbrochenen Krug. Und auch nicht das schreiende Kind.

Denn die Brunnen sind Türme geworden. Und hinter der Wunde des Himmels wütet eine versetzte Göttin.

Und eine uralte Angst hinter der Stirn. Man wird uns nicht dazu befragen können.

Wir haben den Antworten auf die Zungen gebissen. Wir sind fraglos weitergezogen am Firmament unseres Stumpfsinns. Wie eine Karawane blinkender Belanglosigkeiten. Wir sind der Rest einer Essenz in einem substanzlosen Nichts. Wir sind Krone ohne Stamm. Ohne Wurzel. Ohne Erde. Und ohne Schöpfung auch. Uns kann man nicht abtreiben. Wir sind selbst abgetrieben. Wir sind selbst ab- und ausgeschweift. Und unter der Narbe glimmt eine Erinnerung an Gras. Wie ein erkalteter Schwelbrand unserer selbst. Von vornherein vereitelt. Von vornherein verpfuscht. Und ein Mund ohne Stimme erhebt sich. Und ein Zeigefinger zetert uns an: Jetzt ist die Zeit der weißen Flaggen.

Jetzt bricht in die Schatten das Licht. Jetzt begräbt sich der Hund. Aber keiner von uns hat was verstanden. Keiner hat was kapiert. Wir putzen die Waffen und spielen Frieden. Wir dengeln und schärfen das verlogene Wort. Uns wird man nicht zur Rechenschaft ziehen können. Wir sind unzurechnungsfähig. Wir sind unberechenbar. Wir sind eine Gleichung, die nicht aufgeht.

Aber mit uns ist noch zu rechnen. Das hat uns der Heimleiter gesagt.

tiefdruckgebiet

— jens junk

Ihre Seelen sind getreten,
dick mit Trümmerstaub bedeckt,
und der Tod macht fette Beute,
wenn er einmal Blut geleckt.

Ihre großen, dunklen Augen
mussten Grauenhaftes sehen,
wer da Mensch ist, der muss helfen,
und nicht dumpf vorübergehen.

Schlimmer noch, da gibt es welche,
dümmlich, blind und schattenblass,
grad, dass man ihnen selbst geholfen,
schür'n sie Angst und sprühen Hass.

Denen muss man auch noch helfen,
ja, wir haben viel zu tun,
denn das Dunkel droht am Himmel,
keine Zeit sich auszuruhen.

Fänden wir die gleiche Sprache,
wüchs' auf Glatzen wieder Gras,
verlören Stiefel ihre Eisen,
und wir hätten alle Spaß.

Ach, ich wollt' nur etwas träumen,
doch wird's an der Dummheit scheitern,
die wir integrieren müssen
Horizonte zu verbreitern.

hohelied der dummheit

— dagmar neidig

Die Dummheit hat sich schöngemacht.
Wohlan, können's täglich fern-sehn.
Die Dummheit spiegelt ihre Pracht,
lässt's Fähnlein nach dem Winde weh'n.

Die Dummheit hat sich schön geschminkt,
kein einzig Grau ihr blitzt im Haar.
Die Lüge mit der Wahrheit ringt.
Schnell weg damit, ist doch ganz klar!

Die Dummheit streift durch Tag und Nacht,
raunt nonstop Medien Grüße zu.
Mit Gier steht sie auf Du und Du.
Passt auf, dass kein Gewissen wacht.

Der Dummheit grenzenloses Tun
in des Mammons korruptem Schein,
lässt alle grauen Zellen ruh'n,
bei Chips und Cola selig sein.

Die Dummheit öffnet sich dem Licht,
Spot an für den geliftet Leib.
Auf Tugend ist sie nicht erpicht.
Nur auf ein schamlos nacktes Weib.

Die Dummheit hat sich schöngemacht,
preist laut der Freiheit fetten Lohn.
Die Dummheit spiegelt ihre Macht.
Übergießt uns mit Spott und Hohn!

Kommt ihr nur nicht mit Herz, Verstand.
Davon bleibt leer die gierig Hand.
Die Dummheit hat sich schöngemacht.
Verführt uns in tiefschwarzer Nacht.

du sollst nicht denken
— dirk juschkat

Mir scheint, die Welt wird immer kälter,
ein jeder sieht allein nur sich;
das macht nicht klüger, aber älter,
es lässt uns länger überleben –
wir nehmen lieber statt zu geben –
gelassen, lassen wir im Stich.

Wir sehen nicht die Konsequenzen
für dieses Leben auf der Welt;
zu eng und radikal die Grenzen,
der kleinste Vorteil wird gejagt,
Verluste jammervoll beklagt –
die neuen Götter sind aus Geld.

Und sagst du denen, die regieren,
dass alles das nicht richtig sei;
sie werden Neues ausprobieren,
die Massen davon abzulenken,
über ihr Schicksal nachzudenken –
die Illusion von ‚Gleich und Frei‘.

‚Du sollst nicht denken‘ ist das Motto,
das jeden von uns still bedroht;
mit Bundesliga, Bild und Lotto
wird unser Alltag inszeniert,
bis jeder darauf reagiert –
nur ‚Brot und Spiele‘ bis zum Tod?

so kann man ein gedicht nicht…

— ingo cesaro

nein
so kann man ein Gedicht nicht
mit diesem Thema beginnen
mit Flüchtlingen im Boot
das kentert
die rettende Küste schon im Blick
Todesschreie sind bis ans Ufer zu hören
Fischer springen in ihre Boote
können nur wenige retten
die meisten ertrinken
das Grauen steht den Fischern
noch heute ins Gesicht geschrieben

nein
so kann man ein Gedicht nicht
mit solchen Zeilen beginnen
weil viele zuerst fragen
bevor sie daran denken zu retten
warum sind sie geflohen
wussten sie doch
dass ihre Chancen sehr gering
und was soll das werden
wenn alle kommen wollen
und bereiten uns damit auch noch
ein schlechtes Gewissen

unsicher geworden
ein Gedicht so zu beginnen
fange ich mit den Tränen
eines Geretteten
um Frau und 3jährigem Sohn an
nach Folterungen
und massiven Drohungen
auch Frau und Bruder
ins Gefängnis zu werfen
konnten sie in letzter Minute
Hals über Kopf
ohne Gepäck fliehen

kein Wunder
dass ich dieses Gedicht
anders beginnen muss
oder?

verlorene morgenröte

für Bana Alabed aus Aleppo

— wolfgang mach

Himmelwärts
zwischen Dröhnen und Detonation
ein geschlachtetes Heulen

ein letzter Moment
am Rande des Lebens
am Anfang des Sterbens

beim Granatapfelbaum
führt ein schmaler Weg
zur verwundeten Zitadelle
zu Rosenwasser und Cay

stille Stunden knicken ein
im Treibsand
zwischen Bomben und Schrecken

mondlos ertrinken Sterne
im Dunkel der Schöpfung
verwischen Spuren von Sinn

in tausendundeiner Nacht
frisst Verzweiflung die Hoffnung
taumelnd atmet ein Schrei
im Grauen des Morgens

einsame Zelte von Nomaden
hingerichtet Frauen und Kinder
sprachlos sind Worte geworden
lautlos die Verse

wo ist Morgenröte

die Katastrophe geht
laut geschrien
über die Welt

schon ist Abend

vier wochen, drei tage

— daniel mylow

Lauf. Lauf, befiehlt er sich. Das schweißnasse Hemd klebt an der Haut. Schwarz steht der Himmel über dem Wasser. In der Stille der mittäglichen See verschwindet die Landschaft. Jeder Luftzug schmerzt in seiner Lunge.

Das Unwetter bricht los, als er den Parkplatz am Hafen erreicht. Ein Donnergrollen legt sich auf die bleigraue Wasserfläche. Die Luft wird schwer und kalt. Zu wei-ßem Schaum aufgepeitscht dringen die Wellen in das Hafenbecken. Er ringt nach Luft. Die Bäume schwanken. Vom Wind durchleuchtet, ziehen sich Gebäude und Schiffe zu dunklen Schatten zusammen.

Im Auto kauernd umgibt ihn eine nahezu fühlbare Schwärze. Im Lichtkreis der Scheinwerfer rennt eine Gestalt auf ihn zu. Taucht auf. Verschwindet wieder zwischen den Wasserwirbeln auf der Scheibe. Er startet den Motor. Jemand reißt die Beifahrertür auf. Schau-ertropfen kalten Wassers glitzern auf den Armaturen und seiner Haut. Der dunkelhäutige Junge neben ihm atmet schwer.

„Fahren! Fahren!", fleht er ihn an. Bevor er reagieren kann, explodiert eine Flut hellen Lichts vor seinen Augen. Ein Blitz zerteilt den Himmel.

„Wer bist du? Was machst du hier?" Seine Stimme überschlägt sich. Er widersteht dem ersten Impuls, den Jungen aus dem Wagen zu werfen. Irgendwer taucht vor seinem Fenster auf. Sein Fuß tritt das Gaspedal durch. Das Auto schießt unter den Fensterhöhlen ver-lassener Fischerhütten auf die Chaussee. Tintig schim-mert die Luft durch ein Gewölbe aus dichtem Blatt-werk. Am Ende der Allee hält er. Er beugt sich über den Jungen und stößt die Tür auf.

„Raus!"

Der Junge zögert. Dann verschwindet er zwischen Regenschleiern in den angrenzenden Wäldern.

Die Wohnung ist leer. Er duscht kalt. Die Lippen fest aufeinander gepresst, denkt er: Was jetzt. Hätte längst Meldung machen müssen.

Die Kacheln im Bad erinnern ihn an das Gebäude, in dem sein Sohn jetzt untergebracht ist. Von außen ähnelt es einem gefliesten Sarg. Er isst und hört Satie. Sein Sohn isst nicht. Er spricht nicht. Er spielt kein Klavier mehr. Mitten auf der Tournee hörte er auf zu spielen. Saß nur noch im Hotelzimmer und starrte die Wand an. Das Ende einer Pianistenkarriere, die im Alter von sieben begonnen hatte. Als niemand mehr einen Rat wusste, haben sie ihn in die Klinik gebracht.

Eine lichtlose Nacht liegt vor den Fenstern. Am Klavier sitzend schläft er ein.

Ein dumpfes, flehendes Pochen reißt ihn aus dem Schlaf. Müde bewegt er sich zur Tür. Der Junge steht im Hausflur. Er streckt ihm eine Brieftasche entgegen.

„Auf Boden. Im Regen", sagt der Junge.

„So, so", entgegnet er. Im gleichen Moment bereut er seinen Ton. Das Unwetter. Der Autoschlüssel in der Hosentasche. Seine hastigen Bewegungen. Er zögert.

„Komm rein."

Der Junge steht am Esstisch. Es tue weh, wenn er sitzen müsse. Die zweite Portion Spaghetti verschwindet in seinem Mund. In gebrochenem Englisch antwortet er auf die Fragen. Seine Worte sind wie flache Steine. Sie schlagen mehrmals in ihm auf, bevor sie ihr Ziel erreichen.

„Woher kommst du?", fragt er ihn.

„Sudan." Die Augen des Jungen leuchten. Er sei aus dem Lager am Hafen geflohen. Die Containerstadt der Illegalen, erinnert er sich. Jede Woche werden es mehr. Woher die alle kommen. Nicht sein Einsatzgebiet. Warum?, fragt er. Der Junge weint. Die älteren Jugendlichen hätten ihn geschlagen. Ihm sein Geld abgenommen. Letzte Nacht seien sie zu dritt an sein Bett gekommen. Er verstummt.

Auf dem Sofa macht er dem Jungen ein Nachtlager. Er schließt die Tür ab. Morgen, das steht fest, wird er den Jungen seiner Dienststelle übergeben. Er schläft ein paar Stunden. Mehr schafft er nicht.

Einmal geht er auf den Balkon und raucht. Es ist still und leer. In glücklicheren Augenblicken hat er hier mit Nadja gestanden. War nicht leicht, diese Wohnung zu kriegen. Nadja möchte jetzt mit keinem Polizisten mehr verheiratet sein. Lieber lebt sie von Hartz IV. Sagt sie. Er weiß, dass sie mit dem Klavierlehrer ihres Sohnes ein Verhältnis hat. Reglos liegt er später auf dem Bett. Du musst dein Leben ändern, denkt er. Er wartet, bis es hell wird.

Der Junge fragt nicht, wohin sie fahren. Nervös schaut er auf die Straße. Als der Wagen auf den Hof der Polizeidirektion biegt, wächst seine Angst. Er zieht ein Messer aus der Tasche. Seine Hände holen aus. Lautlos rammt er sich die Klinge zwischen die Rippen. Der Wagen stoppt. Ungläubig starrt er auf den größer werdenden Fleck auf der Jacke des Jungen.

„Verdammt, was machst du?"

Er zieht ihm das Messer heraus. Fluchend rast er durch die Vorstadt. Einige Straßen weiter stoppt er vor einem heruntergekommenen Bungalow. Das Handtuch, das der Junge vor die Brust gepresst hält, ist von Blut durchtränkt. Hektisch drückt er auf die Türklingel. Ein älterer Mann öffnet die Wohnungstür, an der ein verwittertes

Praxisschild klebt. Eine Alkoholfahne schlägt ihm entgegen.

„Kümmere dich um den Jungen hier. Ich hab noch was gut bei dir."

Er schiebt den Jungen in den Flur.

„Der bleibt erst mal bei dir. Und zu niemandem ein Wort, hörst du."

Der Mann nickt. Müde wischt er sich einige graue Strähnen von der Stirn.

Am Nachmittag sitzt er bei seinem Sohn am Bett. Er spricht. Der Sohn antwortet nicht. Er starrt auf sein Schattenbild an der Wand. Das Weiß der Erinnerung scheint wie ein Irrlicht auf und verschwindet wieder.

Der Arzt ist ein Freund aus alten Tagen. Die Wunde sei nicht tief, sagt er. Der Junge schaut ihn an. Später fragt er den Mann, warum alle Menschen in diesem Land so traurig sind. Doch er scheint zu begreifen, dass er erst einmal in Sicherheit ist.

Er schaut jeden Tag nach dem Jungen. Er hört seinen Erzählungen zu. Er hört von Krieg, von Hunger und einer Gegenwart ohne Zukunft. Am Abend fährt er manchmal mit ihm zum Strand. Mit ausgestreckter Hand zeigt er über das Meer: England. Das Wasser spiegelt das flache Irrlicht vom Land.

Der Junge blinzelt. Irgendwo dort warte sein Onkel auf ihn. Das sei alles, was ihm von seiner Familie geblieben ist. In London arbeiteten viele Sudanesen. Er wird trainieren. Wenn er soweit ist, wird er durch den Kanal schwimmen.

Der Mann schüttelt den Kopf. „Das wird nicht gehen. Du kannst nicht einfach über das Meer schwimmen."

Der Junge sieht ihn an. Ein schmales Rinnsal läuft aus seinen dunklen Augen.

Am nächsten Tag trifft er Nadja am Bett seines Sohnes. Er erzählt ihr alles.

„Du bist verrückt. Du riskierst deinen Job. Deine Familie. Einfach alles."

„Was ist das: Alles?", antwortet er.

Sie legt ihre Hand auf die Stirn des Sohnes. „Satie", sagt sie geistesabwesend. „Du musst ihm Satie vorspielen. Dann lächelt er manchmal."

Er schläft noch weniger. Er läuft. Vor der Arbeit und immer wenn er den Jungen besucht hat. Wie damals im Gewitter. Einmal sieht er eine der Fischerhütten am Hafen offen stehen. Er spricht mit dem Fischer. Danach steht er eine Weile rauchend in der Stille der morgendlichen See.

Es ist eine Nacht an einem Montag im Herbst. Er weckt den Jungen. Vor ihm steht eine Reisetasche.

„Da sind Sachen, die ich dir gekauft habe. Ist alles in der Tasche. Du wirst nach England gehen."

Das Schiff wartet am Hafen. Er überreicht dem Fischer einen Umschlag. Der Junge wird von kräftigen Händen an Bord gezogen. Er blickt auf die Uhr.

„Vier Wochen, drei Tage", sagt er zu dem Jungen. „Es gibt verdammt noch mal schnellere Wege, um nach England zu kommen."

„Ja, Sir", sagt der Junge. Er lächelt ihn an. Dann verschwindet er unter Deck. Das Boot taucht in das Wasser. Die Positionslichter verflimmern in der Ferne, als hätte man das Schiff in den Himmel versetzt.

besser als der tod

— m. krause-blassl

„Komm mit uns.
Etwas Besseres als den Tod
findest du überall."
Bremer Stadtmusikanten

So viele Wege
so viele Hoffnungen
so vielen Träume
enden an Zäunen.

Zurück
können sie nicht
weiter
kommen sie nicht.

Gestrandet
in der Unmenschlichkeit
dieser kalten Zeit.

Besser als der Tod
heißt noch lange nicht
zu leben.

der mensch

— dirk eickenhorst

Wie kann der Mensch
das empfindende Wesen
im Angesicht
unfassbaren Schreckens
so kalt
so unendlich kalt sein?

Wie kann der Mensch
das empathische Wesen
einem Mitmenschen
vor Schrecken und Tod geflohen
sein notdürftiges Heim anzünden?

Wie kann der Mensch
das liebende Wesen
anderen Menschen
nur aufgrund der Herkunft
oder Hautfarbe
nach dem Leben trachten?

Das alles kann der
empfindende
empathische
liebende
Mensch nicht

Erst wenn er seine Menschlichkeit ablegt
diese dünne fadenscheinige Hülle
zeigt er darunter seine dunkle Fratze
die ihm Demagogen und Populisten
mit schwarz-brauner Farbe
heimlich auf seine leuchtende Seele
gemalt haben.

über wie viel' leichen willst du gehn?

auch singbar nach der Musik
„Über sieben Brücken musst du gehen"

— jens junk

Mancher grämt sich so, und mancher nicht,
mancher trägt noch lang den Schauder im Gesicht,
mancher zähmt noch grade seine Wut,
und aus dem Rindsfilet rinnt frisches Blut.
Mancher hört die Todesschreie, mancher nicht,
mancher isst sich krank, und glaubt es nicht,
frisst sich Schicht um Schicht durch Mark und Bein,
sieht weder Rind, noch Huhn, noch armes Schwein.

Über wie viel' Leichen willst du geh'n,
wie viel Not und Elend überseh'n?
Wie viel' Seel'n verkaufst du über's Jahr,
wie viel' Lügen kaufst du dir als wahr?

Mancher spielt sein Spiel mit andrer Leute Geld,
mancher beutet aus die Ärmsten dieser Welt,
und wenn sie dann flieh'n aus ihrer Not,
wünscht mancher sich, sie wären besser tot.
Mancher hilft den Armen, wo er kann,
mancher reicht die Hand, und lächelt dann und wann,
mancher will ein Stück gemeinsam geh'n,
mancher sieht ein Licht. Kannst du es seh'n?

Über wie viel' Leichen willst du geh'n,
wie viel Not und Elend überseh'n?
Wie viel' Seel'n verkaufst du übers Jahr,
wie viel' Lügen kaufst du dir als wahr?

rahmenverträge

— peter reuter

Die Rahmenverträge
über die
Zukunft des
Euro sind
auf Büttenpapier
gedruckt fürwahr
dem Vorgang
angemessen teuer
die Rahmenverträge
über die
Zukunft der
Menschen wurden
aus Versehen
geschreddert da
kann man
halt nichts
mehr machen.

unser täglich brot

— dagmar neidig

UNSER
Wir sind satt – vom Überfluss träge und matt.
Und Ihr, hinter der Wohlstandstür?

TÄGLICH
Wir entsorgen Brot heute und morgen im Müll.
Für Dank und Demut – verloren jegliches Gefühl.
Und Ihr, hinter der Wohlstandstür?

BROT
Wer von uns kennt noch Hunger und Not?
Vor Scham werden wir nicht mal mehr rot,
wenn wir für Kriege Kanonenfutter senden
und uns bereichern am Verenden.

Und Ihr, hinter der Wohlstandstür?
Wollt Zäune, Mauern, gar Meere überwinden.
Denn Eure Hoffnung droht zu schwinden…

EUER TÄGLICH TOD –
UNSER TÄGLICH BROT?

auf nicht vor malta

— ingo cesaro

während vor Malta
Flüchtlinge um ihr Leben kämpfen
auch Frauen und Kinder
Wasser schlucken und schlucken
bis sie ertrinken
Ertrunkene in der Brandung tümpeln
treffen sich auf höchster Ebene
auf Malta Regierungsvertreter
ohne Meerblick

und es geht wieder einmal
um Quoten und Kontingente
es wird geschachert
als ginge es um Finanzhilfen
für marode Banken
während sie schachern
verlieren weitere Flüchtlinge
nur ihr Leben
aber das spielt hier keine Rolle

hier pokern sie um Höchstgrenzen
dort versinkt schon wieder
ein seeuntüchtiger Kutter
mit Frauen und Kindern
vor Malta
als Ertrunkene haben sie
fraglos nicht im Entferntesten
etwas
mit Höchstgrenzen zu tun.

ursache & neben_wirkung

Aphorismen aus der Rubrik
Lokal handeln, global miss_handeln

— wolfgang endler

auf die scharfe medienkritik
reagierte der rüstungsindustrielle
äußerst sensibel
wie eine
landmine

die 10 gebote

— dirk juschkat

Es sind nur der Gebote zehn,
die uns der Herr gegeben;
ganz deutlich, leicht und zu versteh'n
für dieses kurze Leben.

Und doch gelingt es vielen nicht,
sich auch daran zu halten,
versperren Macht und Geld die Sicht,
ihr Sein so zu gestalten.

Als schlimmste Tat scheint noch der Mord,
den wir als Beispiel wählen;
doch setzt es sich im Kleinen fort,
beim Lügen oder Stehlen.

Wir rechnen auf, dein Soll erfüllt,
Grund dafür, zu erlauben,
dass neue Schuld die Sehnsucht stillt –
und nennen es doch ‚Glauben'.

Im Alltag ganz des Mammons Knecht,
wir wollen existieren,
sind uns so viele Mittel recht,
sich in uns zu verlieren.

Der Staat sagt, Religion sei frei,
das sitzt in unsren Köpfen,
und wir benutzen es dabei,
wenn wir den Nächsten schröpfen.

Statt nur der zehn so fürchten wir
unendlich Paragraphen,
die regeln unser Leben hier,
und ihre tumben Strafen.

Die Strafe Gottes scheint uns fern
und nicht aus diesem Leben –
deshalb verdrängen wir wohl gern
die zehn, die uns gegeben.

halleluja
— nepomuk ullmann

ich habe nichts mit denen gemein, die von frieden sprechen - und die rüstung steigern. ich bin kein freund verbrecherischer kriegspläne... auch nicht im geheimen. mein mund soll mit zärtlicher zunge sprechen. ich will keine bomben... weder für noch gegen menschen! ich habe sorge getragen, dass mein name einmal ausgelöscht bleibt für immer. nur ein oder zwei menschen, die mich mochten, werden sich an mich erinnern. ich will keine straße, die meinen namen trägt. ich will gerechtigkeit... und ich will liebe. ich war immer in der nähe der klage der armen. und ich habe für sie gehofft. in unserer demokratie ist frieden nur eine vokabel. gerechtigkeit ist verkommen zu betrug. in meiner liebe bleibe ich spurlos. liebe ist mein anteil in einem garten der hoffnung. sogar des nachts, in den wenigen stunden, wenn ich schlafe. meine sprache ist leise und unüberhörbar. gefühle zügeln mein unterbewußtsein. ich hatte niemals einen platz in diesem leben, war nur eine karikatur. ich habe gefesselt geweint bis man mich versuchte zu ersticken. hast du deshalb die geduld mit mir verloren. gefühlskälte hat mich gemäht. auch wenn du mich später suchst, du wirst mich nicht finden. die natur hat so viele blumen für die wiese, nur mein name bleibt unausgesprochen. wir leben in atome gekleidet und decken uns mit trümmern zu. der tod ereilt uns eisfarben. so sitze ich am tor zur ewigkeit und weine. halleluja...

neuerdings
— stephanie mattner

*„Das erste Opfer des Krieges
ist die Wahrheit."*
Hiram Johnson

neuerdings
sind lügen wieder in mode
im spiegel trägt
die bild tarnanzug
papierfetzen recycelt
nicht nur die
wahrheit versteck dich!
sie kommen
dir die augen
zu schwärzen

friedensbereitschaft

— ingo cesaro

ein weißes Betttuch
seit Jahren
aus dem Fenster
Freunde drängen mich
es herein zu holen
behaupten
der Krieg sei vorbei
von wegen

im Fernsehen
wenige Meter vom Sessel entfernt
stapeln sie beim Abendessen
Leichen
bis zum Horizont

zeige jedem meine Zunge
zum Ablesen
meiner Friedensbereitschaft
was bisher immer
falsch verstanden wurde
bleibt als einzige Möglichkeit
mein weißes Betttuch.

traummörder

— michael pilath

Verfolgte, Kinder, Frauen, Männer,
zerbombte Hoffnungen,
massakriert, ausgebeutet,
fliehen vor Mörderbanden ihrer Heimat,
erkämpfen neue Hoffnungen:
überleben in Menschenwürde,
erträumte Unversehrtheit,
fliehen vor Mörderbanden ihrer Heimat
über deren Freunde Leichenmeer;
nicht willkommen,
verkauft, verletzt, verschoben,
zusammengepfercht,
fliehen erneut zu Hoffnungsträgern, neuer Heimat;
empfangen von tumben,
dunklen, dummen,
emotionslos emotionalen
Menschen der Swastika.
Retter ohne Rettungsringe,
verblendet, eindimensional,
geil ihrer Stärke gegen Schwächere,
vernichten Hoffnung,
zerstören, morden den Traum.
Das schlimmste alle Verbrechen ...
.... Traummörder

linientreu

— stephanie mattner

Linientreu
sickert Nacht
ins Hirn
Systemlinge
wider der Vernunft
treu treu treu
im Gleichschritt
altbekannt
Orwell lässt Grüßen

gene oder erziehung

— matthias rische

0

Er wehrt sich standhaft. Dreht sich von einer Seite zur nächsten, bis schlussendlich die Füße Richtung Ausgang liegen. Er will hier nicht raus. Er will dort nicht hin. Er kommt als Steißgeburt zur Welt. Vater Stefan, Automechaniker, freut sich über die angeborene Widerborstigkeit. Mutter Hermine kann der stundenlangen Qual nichts Positives abgewinnen.

Mit 1

Er wird auf den Namen Thoralf getauft. Ein kräftiger, mächtiger und männlicher Name. Der Grundstein ist gelegt. Vater Stefan trinkt nach der Arbeit Bier. Mutter Hermine wagt das Kind immer noch nicht robust anzufassen. Das Wickeln stellt bereits eine hohe Anforderung dar.

Mit 2

Hermine darf nicht arbeiten gehen. Nicht in ihren Beruf als Floristin zurück. Mütter sind für ihre Kinder da, sagt Stefan. Thoralf macht motorische Fortschritte. Stefan freut sich laut lachend darüber, dass sein Sohn ein Faible für das Boxen entdeckt hat. Je zielgenauer er schlägt, desto besser.

Mit 3

Thoralf zeigt erste Anzeichen einer eigenen Persönlichkeit. Er schreit oft wütend, haut nach Hermine, wenn er etwas nicht bekommt und wirft Tom einen Baustein an den Kopf, weil der ihn nicht beachtet. Tom ist der

Sohn von Stefans Schwester Regine. Gib mir Fünf, sagt Stefan, als sie später alleine sind. Thoralf schlägt ein.

Mit 4

Das Kind lächelt nicht. Hermine fühlt sich in seiner Gegenwart unwohl. Stefan nimmt Thoralf aus der Kita. Melanie, die Erzieherin, hatte sich oft darüber beklagt, dass der Junge nicht teilen könne. Er würde seine Lieblingsspielsachen für sich reklamieren und aggressiv gegenüber den anderen Kindern, wenn sie auch mal damit spielen wollten. Das können wir besser, sagt Stefan. Thoralf muss beim Essen nicht mehr neben Can sitzen. Gegen den Willen von Hermine bekommt Thoralf eine Spielzeugpistole zu Weihnachten.

Mit 5

Stefan steigt zum zweiten Mann seiner Firma – nach dem Chef – auf. Dem gefällt die politische Gesinnung seines Mitarbeiters und dessen Zielstrebigkeit. Hermine ist wieder schwanger. Sie hat Angst vor einer zweiten Geburt und möchte das Kind nicht haben. Stefan nimmt ihr die Entscheidung ab. Abgetrieben wird bei mir nicht!
Thoralf kann bis 30 zählen und seinen schweren Namen in großen Druckbuchstaben schreiben. Stefan und Hermine sind stolze Eltern.
Nahe Oranienburg werden Wölfe gesichtet.

Mit 6

Die Einschulung ist festlich, bis Stefan ein Bier zu viel trinkt und laut das Deutschlandlied anstimmt. Thoralf hat Schwierigkeiten sich in die Klasse zu integrieren. Er kann die mitfühlende Art seiner Klassenlehrerin, Frau Studer, nicht leiden und provoziert sie, so oft es geht.
Hermine bekommt ihr zweites Kind, Johanna. Stefan schiebt Überstunden, um der wachsenden Familie zu entfliehen.

Mit 7

Der Rektor bestellt Thoralfs Eltern ein. Das Kind hat mehrfach dunkelhäutige Mitschüler beleidigt und angegriffen. Er hätte mit seinem Großvater Bücher über die Nazizeit angeguckt, erklärt Stefan. Hermine schweigt.

Stefan nimmt seinen Sohn erstmals mit in die Paintballhalle. Thoralf hat Spaß, bis er erschossen wird.

Wolfsrudel nahe Kremmen gesichtet.

Mit 8

Hermine verprügelt Thoralf mit einem Kleiderbügel, weil er seine Schwester mit einer Reißzwecke malträtiert. Die Hand will sie nicht an ihn legen. Stefan rasiert sich die Haare drei Millimeter kurz. Er geht abends öfter in die Kneipe.

Weil Thoralf auf dem Rummel eine Blume schießt, bekommt er zum Geburtstag eine Softgun. Drei Tage später wird diese von Frau Studer einkassiert. Waffen sind in der Schule streng verboten.

Mit 9

Thoralf wird für eine Woche von der Schule suspendiert. Er hat seine Lehrerin getreten. Hermine schämt sich dafür. Eine Vorstellung beim Schulpsychologen wird dringend angeraten. Stefan weigert sich mit einer Institution zusammenzuarbeiten, die mit seinem Sohn nicht klar kommt.

Johanna besucht jetzt den Kindergarten.

Thoralf geht regelmäßig zum Boxtraining. Um seine Wut zu kanalisieren, sagt Stefan.

Die Wölfe haben sich vermehrt und den Bucher Forst erobert.

Mit 10

Hermine erträgt den Alkoholkonsum, die Launen und

Gesinnung ihres Mannes nicht länger. Thoralf weiß nicht, wie er reagieren soll. Während seine Mutter die Koffer packt, läuft er unruhig und den Tränen nahe von einem Zimmer in das andere. Erst als die Tür hinter seiner Mutter und seiner Schwester ins Schloss fällt, löst sich etwas in ihm. Er tritt gegen die Flurwand. Dann tritt ein schmales Lächeln auf sein Gesicht. Seine Mutter hatte nie ein nettes Wort für ihn.

Stefan kommt noch immer spät nach Hause. Wird Zeit, dass der Junge selbständig wird, sagt er.

Mit 11

Das Jugendzentrum Feuerwache ist Thoralfs erster Anlaufpunkt. Hier ist er der Jüngste und blickt schnell zu den älteren Jugendlichen auf. Er verliebt sich erstmals, in Nadja. Sie ist zwei Jahre älter als er, hat lange schwarze Locken und bereits einen sichtbaren Busen. Hinter seinem Rücken lachen die Anderen über seine Versuche, Nadja näher zu kommen.

Kontakt zu seiner Mutter und Schwester darf er nicht haben. Das hat Stefan untersagt.

Mit 12

Erster Kontakt des Jungen mit Alkohol. Er hat der Clique des Jugendzentrums erzählt, dass er sich oft allein fühlt. Dass er keinen Bock mehr auf Hausarbeit hat und von dem großen schwarzen Auge, das ihn von seiner Zimmerdecke herab beobachtet. Die Clique lacht ihn aus, beschimpft ihn als Weichei.

Nadja geht mit Thoralf zum Hinterausgang hinaus, öffnet eine Flasche Bier, die sie irgendwoher geholt hat und drückt sie Thoralf in die Hand. Trink. Sie setzen sich auf ein Mäuerchen und Nadja drückt seinen Kopf an ihre Brust. Als der Drang zu Pinkeln kaum rückhaltbar ist, läuft er davon.

Der Wechsel auf die Realschule verläuft unproblema-

tisch. In den höheren Klassen findet er einige Jugend-
liche aus der Clique wieder.

Mit 13

Stefan verliert seinen Job. Allein zuhause vermisst er
seine Tochter. Er trinkt jetzt mehr, nicht nur in der Knei-
pe. Die Hausarbeit bleibt immer noch an Thoralf hän-
gen.

Nach der Schule geht der Junge zum Boxtraining oder
er besucht die Clique. Er ist körperlich in die Höhe ge-
schossen und, dank des Boxens, fit und kräftig.

Gemeinsam mit den Älteren setzt er türkische Mitschü-
ler unter Druck. Einige von denen schlagen sie zusam-
men. Die letzte Verbindung zur Kindheit ist durch die-
se Grenzüberschreitung gekappt. Nadja nimmt nicht
daran teil. Sie hat sich von der Gruppe distanziert und
besucht jetzt ein Gymnasium.

Johanna erschrickt, als sie Thoralf in der Gruppe ran-
dalierender Jugendlicher erkennt. Sie erzählt Hermine
davon. Deren Kontaktversuche zu Stefan schlagen
fehl.

Die Wölfe ziehen Richtung Berlin. Die ersten werden
zum Abschuss freigegeben.

Mit 14

Nadja hat den Kontakt zu Thoralf – auch telefonisch -
abgebrochen. Zuvor hat sie ihm gesagt, er solle seinen
eigenen Weg gehen. Das Jugendamt war mehrfach
zu Besuch. Stefan war zu faul und zu ehrlich, um die
Bierflaschen zu entsorgen. Thoralf soll eine Einzelfallhel-
ferin bekommen.

Im Werkunterricht hat er sich einen Baseballschläger
gebaut. Der soll der Gruppe bei ihren Aktionen helfen
und er nimmt ihn mit ins Bett. Das schwarze Auge ist
gewachsen. Ob es seinem Schutz dient oder er es als
Bedrohung empfinden soll, ist ihm unklar.

Mit 15

Die Schule wird zur Nebensache. Thoralf ist jetzt fester Bestandteil der Clique, die zur Gruppe 42 geworden ist. Tagsüber schmieden sie Pläne. Wenn es dunkel wird gehen sie Türken und Araber hauen, schlagen deren Läden kurz und klein und feiern nachts ihren Sieg gegen das Ausländerpack.

Stefan ist in Hartz IV gefallen. Damit und mit Schwarzaufträgen für Autoreparaturen hält er sich über Wasser. Den Kontakt zu seinem Sohn hat er verloren. Der ist kaum noch zuhause.

Hermine kommuniziert nur noch über ihre Anwältin mit ihm. Sie sorgt sich um Thoralf, kommt aber nicht an ihn heran.

Mit 16

Den MSA hat Thoralf vergeigt. Auch den Hauptschulabschluss bekommt er nicht, wegen zu geringer Anwesenheitszeiten. Dafür ist er in den engeren Kreis der Gruppe 42 aufgestiegen. Einer der Entscheidungsträger.

Johanna hat den Werdegang ihres großen Bruders aus der Ferne beobachtet und taucht bei der Gruppe auf, sie interessiert für sich deren Aktionen. Ihre Haare sind kurz geschoren. Thoralf schlägt sie und sagt sie solle sich verpissen. Er will sie da nicht mehr sehen. Um seinen Worten Nachdruck zu verleihen, zielt er betrunken mit einer Waffe auf sie.

Sie grölt einige Parolen der Gruppe und verzieht sich.
Hermine schaltet die Polizei ein, als sie davon erfährt.
Stefan versinkt in Gleichgültigkeit.

Vereinzelt wurde ein Wolf in Marzahn und Reinickendorf gesehen.

Mit 17

Für Thoralf bricht eine Welt zusammen. Einige Schläger

seiner Gruppe haben die Wohnung seiner Mutter verwüstet und ihr ein Messer an den Hals gehalten. Einen Zettel haben sie ihr in den Mund gesteckt. WARNUNG! KEIN UNDEUTSCHES VERHALTEN stand darauf. Wir lassen Thor nicht gehen, nicht bei dem, was er über uns weiß, haben sie gesagt.

Und das nur, weil er sich in den vergangenen Monaten geweigert hat an Aktionen gegen Ausländer und Flüchtlinge teilzunehmen.

Er hat Rashid getroffen, einen siebenjährigen afghanischen Flüchtling, der hilflos durch die Straßen lief. Erst wollte er ihn fertig machen. Einfach und wirksam. Ohne ein Flüchtlingsheim anzuzünden. Am Ende hat er ihn nach Hause begleitet und wurde von dessen Familie herzlich aufgenommen.

Was ist Familie?, fragt er sich seitdem.

Sein Vater, der ihn Jahre ernährt hat, scheidet aus. Der hat sich und ihn aufgegeben.

Seine Mutter, die sich nicht traute, ihn anzufassen und sich dennoch seit Jahren um ihn sorgt, kann er kaum ernst nehmen. Aber darf sie deshalb so verängstigt und bedroht werden?

Die Gruppe war über Jahre sein Familienersatz. Sie hat ihn aufgenommen, ihm vieles beigebracht, ihn stark gemacht, ihm Halt gegeben und ein Ziel – aber sie hat ein Mitglied seiner Ursprungsfamilie verletzt.

Seine Schwester, deren Heranwachsen er verpasst hat, aufgrund der Sturheit seines Vaters? Was wäre passiert, wäre auch sie zuhause gewesen?

In den Nachrichten sieht Thoralf einen Bericht über die neue Gefahr für Berlin: der Wolf.

Mit 18

Die Angst vor den eigenen Leuten wächst. Mit Hilfe seiner Mutter und einem Mitarbeiter der RAA wird der

Kontakt zum LKA und BND hergestellt. Ein geheimgehaltenes Treffen findet statt, in dem Thoralf alles über die rechte Szene erzählt, was er weiß.

Als er das Lokal in Niederschönhausen verlässt, erblickt er am Ende der Gasse einen Wolf. Auch die Kripobeamten sind aufgrund Thoralfs Hinweises einen Moment abgelenkt.

Von der gegenüberliegenden Straßenseite fällt ein Schuss. Thoralf bricht zusammen, Hermine schreit nicht, schlägt sich vor Entsetzen die Hände vor den Mund.

Eine dunkel gekleidete Gestalt streckt den rechten Arm halb hoch von sich und verschwindet um die nächste Straßenecke. Ein Motor heult auf und quietschende Reifen entfernen sich.

…hebt das haupt

— jürgen polinske

„Erblinden Bücher,
werden Verse taub."
Josef Furtmeier

Jetzt staubt Neobraun zur Macht
Im „Du bist Deutschland" - Slogan
verkommt der Mensch zum Ort …

Nicht mit Gott allein, auch ohne Ehren
treibt mich um
solchen Anfängen zu wehren
„Meine Feder", bet ich „bleib nicht stumm"

geschichten vom hassen

— michael starcke

vermutlich enden
geschichten vom hassen
nur selten
mit einem happyend.

eine beginnt vielleicht
mit zwei menschen,
die sich kurze zeit
für immer und ewig
unzertrennlich
geliebt haben.

eine andere beginnt
womöglich mit einem attentat,
während irgendwo
nichtsahnend frühling wird.

ungläubig
hört man später
jemanden rache predigen,
unheiligen krieg.

es könnte aber auch sein,
dass zwei,
die lange als feinde galten,
entschlossen
aufeinander zugehen
am anfang
einer freundschaft, die hält.

der zauberstab

— safiye can

Ich wünschte niemand müsste weinen
wünschte kein Tier müsste leiden
wünschte mir einen Zauberstab
doch ich hab keinen.
Ich wünschte ich könnte alle Wunden heilen
jedes Kind beschützen durch Umarmen.

Ich wünschte ich hätte eine Wundertinktur
eine Art Zaubertrank gegen das Ungerechte
gegen Diskriminierung, all die Schmerzen
da draußen
doch hab ich keinen.

Ein Blumenmeer soll sich
auf jeden von uns entladen.

Ich wünschte ich könnte jede Trauerwolke
mit der Hand vom Firmament
wegschiebenschiebenschieben
wünschte ich könnte mit einem Schnippen
alle Krankheiten auf ewig besiegen.

Jede Kanonenkugel und jede Patrone
jede Granate und jede Bombe wünschte ich
mit bloßer Hand einzufangen.
Ich wünschte mir einen Zauberstab
vergebt mir
ich hab keinen.

Ein Blumenmeer
soll sich auf jeden von uns entladenladenladen.

Ich wünschte niemand mehr
müsste Folter ertragentragentragen
ich wünschte mir einen Zauberstab
warum nur hab ich keinen?

obergrenzen

— m. krause-blassl

Kriege und Elend
Reichtum und Armut
Gier und Hunger
Umweltzerstörungen
haben ihre Obergrenzen
schon lange erreicht.

Für Menschen in Not
für Frieden und Liebe
für Gerechtigkeit
für Menschlichkeit
darf es keine Grenzen geben
weltweit.

das märchen vom grundgesetz...

— peter reuter

Warum auch immer, man forderte mich unter Androhung eines Honorars auf, über diese Republik, in welcher der Füllfederhalter und ich leben, einen kleinen Aufsatz zu schreiben. Just zu diesem Anlass spielte man uns ein kleines Büchlein namens Grundgesetz zu. Bei der ersten flüchtigen Durchsicht entging mir doch tatsächlich, es war das Grundgesetz unserer, meiner Republik. Meine Reaktion auf dieses Büchlein war mehr als eindeutig, gar euphorisch darf ich sie nennen – und wie. Für mich als Schreiber und den Füllfederhalter war mehr als klar, in einem solchen Land mit solch einem Grundgesetz, da würden die Menschen über alle Maßen gerne leben. Tränen der Freude und der Melancholie suchten sich den Weg aus unseren geröteten Augen. Bei mir handelte es sich eindeutig um Wasser, beim Füllfederhalter war es schwarze Tinte. Unsere rauschhafte Begeisterung war riesengroß, wir beschlossen *stante pede*, umgehend und intensiv über dieses kleine und doch so große Büchlein zu schreiben. Sollte dieses Traktat seinen Weg in eine breite Öffentlichkeit finden, so bestand real die Gefahr, dass die auch in diesem Land vertretenen Heißsporne mit dem Buch in der Hand einen Aufstand beginnen würden. Nach dem zweiten intensiven und sehr konzentrierten Lesen war dann aber doch klar, diesen Text würde man mir mit sehr viel Glück gerade noch als Märchen abnehmen. Und so wurde in diesem Moment einer meiner größten literarischen Erfolge geboren, nämlich das Märchen von dem besonderen Land mit einer lebenswerten und menschenfreundlichen Verfassung. Viele Menschen fragen mich seither, wie man auf solche putzigen Gedanken kommt.

gericht

— dagmar neidig

Im Krieg mit dir selbst –
keine Gnade
Alle Pfade
Führen zur Anklagebank.

Da sitzen sie:
Deine besten Jahre, deine Ideale,
Deine Visionen und Träume,
Deine Taten – alles verraten?
Marionetten an den Ketten
Einer Ideologie?
Verteidigen –
Bloß, wie?

Darfst hinter
Wohlstandsgittern
Zittern.

Besser ging's dir
Eigentlich nie.

Im Richterstuhl:
„Götter" für
Freiheit und Demokratie.

Deine späte Ehrung:
Jahre auf Bewährung...

courage
— jens junk

Wo alles „Ja" ruft,
da ruf mal „Nein",
wo man sich wegduckt,
da misch dich ein,
wo keiner aufmuckt,
da stell dich bloß,
wo alles wegguckt,
da mach dich groß.

Wo alles hin läuft,
da wend' dich ab,
wo alles aufsteigt,
da steig' hinab,
wo man nicht umpflügt,
liegt etwas brach,
wo man dich anlügt,
da hake nach.

Wo man sich hinsetzt,
da stehe auf!
Wo alles einschläft,
da ruf: „Wacht auf"!
Wo man nicht zuhört,
lass sie es sehn,
wen beides stört,
den lass ruhig gehen,

wo niemand hören will,
geh noch mal hin,
wenn *einer* zuhört,
dann macht es Sinn.

future

— sabine fenner

Wie werden wir uns teilen
Oder wo wird unsere Mitte sein

Wer geht mit dem Anderen
Und wer verlässt den Kreis

Wo werden wir stehen
Rechts oder links

Oder driften wir ab
In ein anderes Wertesystem

Werden wir noch das Wort
„Mensch" in den Mund nehmen

Oder mutieren wir
Zu strammstehenden Kreaturen

Werden wir noch eigene Worte formen
Diskutieren, um zu einem Kompromiss zu finden

Wird sich unsere westliche Welt umkehren
Vom Rechtsstaat in ein diktatorisches Gebilde

Und werden die Vögel fortziehen
Die Sterne nicht mehr leuchten

poèmes à la carte ~
die phönix sequenz – 285

— phil skurril

Weiterentwicklung ist angesagt
und sich Loseisen vom makaberen Lack
und dem Lakritzendenken der Lakritzenmenschen,
die haben doch Alleevögel in der Tasche,
die schmeißen einen ja regelrecht damit zu.
Die Reisen im Dampfschiff erweitern das Alleinsein,
die Auflösung, das sanfte Kräuseln der Wellen
ziseliert sich heran, wie eklatante Willensbrecher
aus dem baldrianischen Meer der Drögerien.
Phantastischer Wind draußen, der zu Scherzen aufgelegt
dem Reifen folgt und in den Kreis energieloser Bienen
trägt es den Geschmack dieser Superthermik.
Man streckt mit Wankelmut den ganzen Kopf heraus,
denn es wird Frühling, hin zur Straße.
Da flattert eine rote Drachenschnur, wer aufschaut ist
sofort bereit, nicht auf dem Absatz kehrt zu machen.
Und auf einmal dröhnt es, vom Missachten der Regeln
und das ist gut für's Herz und nicht nur für die Lungen,
denn auf ein eingesperrtes Wort, da kommen tausend Freie.

das menschliche sein

— peter reuter

Eine hilflose Reihung
von Wörtern und Sätzen,
auch von Bildern.

Meine formlosen Gedanken
wähnen sich in
einer trügerischen Sicherheit.

Sie, du, ich,
wir sind es
aber nicht – niemals.

Darum mein Schreiben.

aufbruch
— tobias hainer

Eine Revolte ist ausgebrochen
mit Wörtern aus Hass
die sich nicht mehr ducken
hinter verbotenen Lippen

Sie schleifen ihre Zungen
zu scharfen Messern
verdunkeln die Vernunft
zerbröckeln im eisigen Wind
die Reste des Vergessens
zwischen den Fingern

Sie drohen:
Ihr verwundetes Volk
verdünnt sich beklagenswert
sind immerdar
Verfolgte und Beraubte

Ihre dumme Ordnung
in Schwarz und Weiß
ein böses Spiel
zwischen drinnen
und draußen
ein Duett
aus Schatten und trübem Licht

fragezeichen

— robin uphoff

Jedes Ausrufezeichen das
von euch unbemerkt
zu Boden stürzt
sammle ich ein
halte es in weichen Händen
und biege es
im Kleid der Nacht.

vergessener mensch

— michael pilath

Wahnsinn klopft an meine Tür
wie ein elend tumbes Tier

sag „Hallo" zu deinen Schwestern,
sie erinnern dich an gestern

erinnern dich an alte Pein
Schmerzen nur in dir allein

lassen dich im Innern bluten
verzweifelt nach Erlösung suchen

vor Entsetzen starr die Augen
dass sie dir die Ruhe rauben

dein Innres stumm,
krümmend vor Schmerzen
dein Wahnsinn lacht,
beginnt zu scherzen

der wunden Psyche hohler Hohn
Vergangenheit zum blinden Lohn

der Irrsinn
wild an alle Türe klopfend
ich sag „Hallo"
auf Gnade hoffend

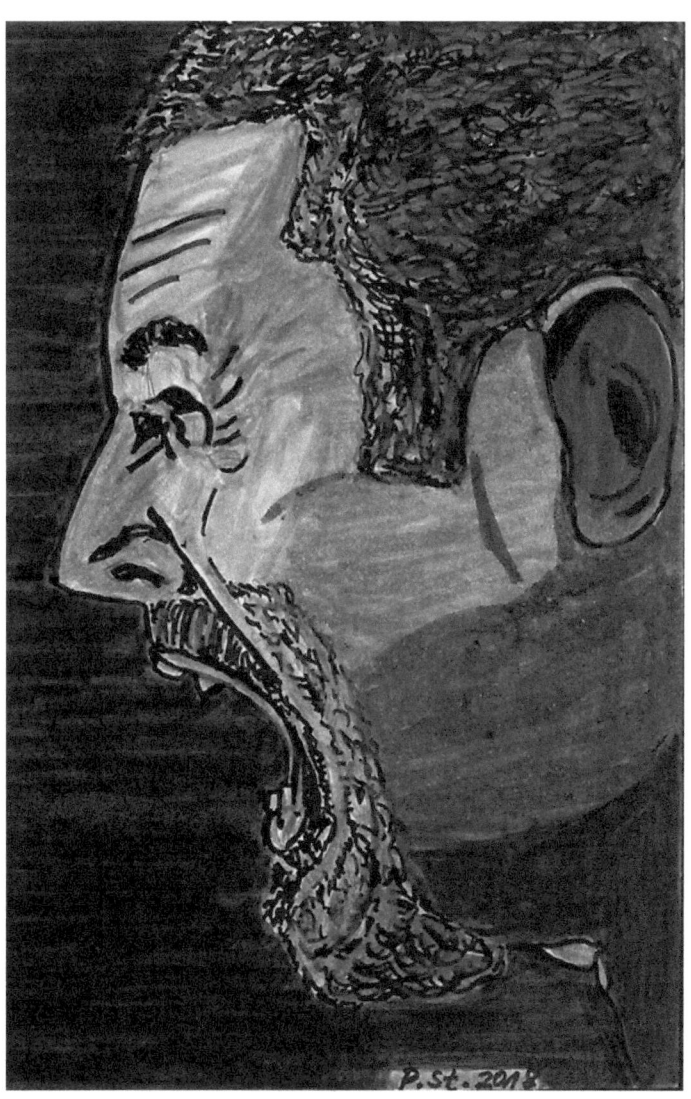

P.St. 2018

fremde schmerzen

— e.c.m. tüx

Der Schmerz der Welt. Menschenschmerz. Nicht in Worte zu fassen. Hineingepresst in mein Hirn, in meine Seele. Die Ohren zuhalten hilft nichts, ich höre mit dem Herzen. Schreie der Hilflosigkeit. Auch ich ertrinke in ihnen, denn sie umspülen meine Existenz. Ihre dürren Finger greifen nach mir. Ich kann mich nicht wehren gegen ihre zitternden Bitten, knie nieder im Morast, Seite an Seite mit ihnen. So sterbe ich ebenfalls, anstatt geholfen zu haben.

die flucht

— e.c.m. tüx

Die Namenlose floh, ohne genau zu wissen, warum
und wovor. Es war eher ein Reflex denn eine bewuss-
te Handlung. Sie rannte einfach los, rannte so schnell
sie konnte über den Asphalt der nächtlichen Straßen
der Stadt, deren Häuser unter dem fahlen Licht des
Mondes in tiefen Schlaf gefallen waren. Das Echo ihrer
Schritte hallte dumpf von den Mauern wider, vermisch-
te sich mit dem leisen Stöhnen des Windes zu einer
haltlosen Melodie voller Schwermut und Einsamkeit.
Ohne dass sie es merkte, presste sie die Hände auf ihre
Ohren und konzentrierte sich auf das Rauschen ihres
Blutes und ihren keuchenden Atem. Bald schon wür-
de sie Seitenstechen bekommen, verringerte sie nicht
ihre Geschwindigkeit und zwang sich innerlich zu Ruhe
und einem gleichmäßigen Rhythmus. Doch was konn-
ten Seitenstechen schaden, verglich man sie mit dem
stärker werdenden Schmerz, der sich undefiniert und
unerklärlich in ihrem Kopf ausbreitete.
Die Nacht war düster, die Straßenlaternen spendeten
nur ein spärliches Licht, der Mond versteckte sich all-
zu oft hinter tiefgrauen Wolken. Die Luft war kalt und
roch nach Herbst und Regen. Die Stadt lag in wort-
losem Schlaf und war nicht dazu fähig, irgendeine Art
von Trost zu spenden.
Die Namenlose nahm die Hände von ihren Ohren und
presste sie auf ihre stechende Seite, bis sie schließlich
ihren wirren Lauf stoppte und atemlos in den dunklen
Schatten einer rauen Hauswand sank. Sie lehnte sich
mit dem Rücken an die harten Steine und stöhnte mit

dem Wind, der sich nun nicht mehr mit dem Echo ihrer Schritte paaren konnte. Braunes, welkes Laub tanzte auf dem kalten Asphalt der leeren Straße und schien wie die Namenlose verwirrt und ziellos, in seinem leisen Rascheln vibrierten Vergänglichkeit und Abschied. Ein paar Tage nur noch, und die braunen Blätter würden zerfallen und für immer vergessen werden. Doch was schert sich welkes Herbstlaub darum, ob jemand sich an es erinnert oder nicht – dem Kreislauf des Lebens angepasst war es im Frühjahr geboren worden und nun bereit zu sterben.

Ein Menschenleben, so wusste die Namenlose, war im Angesicht des Universums nicht viel mehr und nicht viel weniger als ein Ahorn- oder Eichenblatt.

Das Stöhnen des Windes wurde leiser, und auch die Namenlose fand zu einer gleichmäßigen Atmung zurück, das Stechen in ihrer Seite verschwand. Wenn das Leben eines Menschen nur ein kleiner Funke war, einer von unzählbar vielen, so hatte die Namenlose entschieden, dass ihr Leben ihr selbst gehören sollte. Noch am Tag zuvor war sie den Verpflichtungen der Gesellschaft nachgekommen und war bemüht gewesen, allen Anforderungen, die an sie gestellt wurden, zu entsprechen. Doch am Abend dieses Tages war irgendetwas tief in ihrem Innern explodiert. Sie hatte „nein" gesagt, dann hatte sie ihre Weigerung und ihre Meinung laut hinaus geschrien. „Ich will, dass mein Leben mir gehört, mir ganz allein", hatte sie geschrien, „ab diesem Moment werde ich namenlos sein und gehöre nicht mehr zu euch!" In einem Anfall von Wut und Verzweiflung hatte sie all ihr Hab und Gut verbrannt, während die Farben der untergehenden Sonne sich mit den hungrigen Flammen ihres Feuers vermählten. Dann war es dunkel geworden, kühl und still – und die Namenlose floh, ohne genau zu wissen, warum und wovor und erst recht nicht, wohin.

hoffnungslos

— e.c.m. tüx

Wankend
durch das Labyrinth
Deiner Seele,
bar jeder Hoffnung,
verloren
und viel zu jung
für dieses Leben.
All die Zwänge
der Gesellschaft
rauben Dir den Atem,
Dein Hirn droht zu explodieren,
Dein Herz schreit.
In bodenloser Schwärze
strauchelst Du bei jedem Schritt,
kein Wegweiser markiert Deine Pfade,
längst hast Du Dich verirrt
in Deiner eigenen Existenz.
Nebelfelder
schieben sich vor Deine Augen,
kein Licht dringt vor
bis zu Deinem Sein,
Du hast längst aufgegeben,
nach der richtigen Tür zu suchen.
Kalte Schauer
und Eisregen
verhindern Dein Denken,
kein Wort vermag
Deine Welt zu erreichen.
Tote Bäume recken ihre Äste
in den Himmel
und verdorrtes Gras

knirscht unter Deinen Füßen.
Deine Situation
ist hoffnungslos
und bar jeder Logik.
Weder Vernunft
noch Verstand
vermögen Dir in die Tiefe
Deines Abgrunds zu folgen.
Alles um Dich herum
ist kalt und tot.
Wo bloß
ist Dein Lächeln geblieben?
Wann hast Du aufgehört
zu leben?
Asche
bedeckt dein Fühlen
und der Vollmond
irritiert Dich,
weil er weint.
Wolkenheere
haben das Firmament erobert
und halten die Sonne
von Dir fern.
Lediglich ein schmutziger Rabe
hockt geduckt auf Deinem Kopfkissen
und flüstert:
„Du bist nicht allein."

hinter wahrheit

— stephanie mattner

hinter wahrheit ist der schatten kalt
den jahre in blasse haut furcht
manchmal
fühle ich mich nicht bereit
zu sehen
noch nicht alt genug für
kriegspropaganda in schlagzeilenphrasen
manchmal
weiß ich nichts mehr
zu denken
lügengebilde aus nadelstreifenmünder
fiatmoney sucht
innere werte in toten augenpaaren
manchmal
ziehen wolken über giftdeponien
und neben mir
„ey, alter lass mal mäcces gehn"

hinter wahrheit ist der schatten kalt
den jahre in blasse haut furcht
manchmal
will ich wieder Barbie spielen

heute ist der tag

— michael starcke

heute ist der tag
vielleicht
ein hinkender mann,
ein flaschensammler,
in einem schäbigen mantel.

sinnierend betrachtet er
die welt, gespiegelt
im farbigem glas
wie botschaften
einer flaschenpost
auf dem trockenen,

klappernde, klirrende
geheimnisträger,
gerundet und
derbe, die den himmel
verzerrt aussehen
und ihn, bis zum
hals geleert,
schwarz werden lassen.

abgesoffen in der routine
seiner existenz
grummelt der aus
dem tritt geratene mann,
dass man ihn vergessen könne.

nichts neues im staat

— romeo bayazid

Fette Fliegen fliegen höher, den Strom des Geldes steil hinauf und wenn sie sich verfliegen, dann fängt der Staat sie gerne wieder auf.

Fette Fliegen haben Macht und leben wie die Götter, unsichtbar und geisterhaft, in ihrer eigenen Welt, dort wo der Reichtum zählt und selbst Minister dienen ihnen, denn das System, in dem wir leben, ist leider nur dem Kapital ergeben.

denk' ich an

— ingo cesaro

Denk' ich an ein reiches Land,
denk' ich an unser Land

benötigt Tafeln,
Suppenküchen
und Wärmeräume
damit arme Mitbürger
über die Runden kommen

erhöhen sich Abgeordnete
selbstgefällig
regelmäßig ihre Diäten
und schämen sich nicht

ich könnte mir denken
aus Angst,
dass sie in der Suppenküche
oder an einer Tafel
irgendwann
enden könnten.

wahrscheinlich bin ich virgil mazilescu, nur weniger betrunken #42

— vinzenz fengler

Ich hab aufgehört nachzufragen.
Der Schlüssel zu den Erlebnissen ist abhanden gekommen.
Was sollte ich mir denn antworten.
Vater spricht mit seinen goldenen Kälbern.
Mutter lässt einen Ablass nach dem anderen zu.
Die Ressourcen im System bleiben überschaubar.
Manchmal glaube ich nicht mehr an den großen Auswurf.
Aber was einem an Meinungen zugemutet wird, bleibt zum Kotzen.
In den Aderlassen der Demagogen verbluten die Demokratien.
Kollateral betrachtet hat die Mitte Schaden genommen und drängt an die Ränder.
Im inneren Rückzugsgebiet sitzt mir ein Kasper und versucht mein Herz zum Lachen zu bringen.
Alles andere auch vergeblich soweit, konstatiert mein Bauchredner.
Stehend spende ich Ovationen und setz mich in die eigenen Nesseln.

suche

— dagmar neidigk

Als ich fortging –
Nichts und niemand
Hielt mich auf.

Wollt nicht hören
Wollt nicht sehen
Wollt nicht wissen

Auf der Jagd im Dschungel
Der Macht
Sind mir verloren
Wurzeln,
Quelle,
Liebe,
Sinn.

Als ich heimkam,
Fand ich
Das Haus leer.

neulich im park

— robin uphoff

Am Morgen schweigt sein Trümmerherz
in Traumfängern die zwischen Brückenbögen wanken
bis die Fäden des Geflechts
im Morgentau vergehen
und es klagend durch die Rippen fällt

die Trümmerstücke purzeln kantenschneidig
ihm im Aderwerk
und seine Füße fast Hufe
schleifen über sonnenwarme Pflastersteine
schleifen über sonnenwarme Pflastersteine
schleifen über sonnenwarme Pflastersteine

dann liegt er wieder zwischen Brückenbögen
und knüpft den Zwirn des toten Tages
zärtlich wie die Fragen seiner Mutter
zu Traumfängern. Bevor der Schlaf ihn holt

stadtnacht

— e.c.m.tüx

Der Mond frisst die Sterne vom Himmel und die Nacht legt sich traumlos über die lärmende Stadt. Nicht der Große Wagen weist uns den Weg, sondern die Neonreklame über dem Eingang zur Hölle. Kalt glänzen die Pflastersteine unter unseren Füßen, der Klang harter Stimmen zerreißt unsere Gedanken. Wortfetzen, in Unkenntlichkeit getaucht, kleben an schmutzigen Hauswänden oder hängen kraftlos über dem Rand der Mülltonne.

Der Bettler teilt einen schimmeligen Brotkanten mit den Ratten am Kanal. Ein verzweifelter Familienvater betrinkt sich mit billigem Schnaps – anschließend wird er seine Frau erschlagen, unbemerkt und unbestraft. Ein kleiner Junge verkauft Drogen, während seine Schwester sich prostituiert. Die Mutter putzt bei Mc Donalds das Klo. Wen interessiert's?

Der Mond spiegelt sich auf der Wasseroberfläche des Kanals, er bleibt namenlos und unerkannt, passt sich der Masse an. Mit niemandem wechselt er ein persönliches Wort. Bleich spiegelt sich in ihm das Antlitz der Gesellschaft, ignorant und ziellos zugleich. Mitten im Sommer hat der Park aufgehört, grün zu sein. Er ist nun wie alles andere in der Stadt: ertrunken im Abgasgestank und dem Mangel an Solidarität, lethargisch und grau...

im kern

— stephanie mattner

Ich wünschte die Kindersicht zurück
    und Nebelschleier

Schreie mich Wund
im ungläubigen Blick auf „Menschheit"

    Was bleibt
greifen Hände ins Leere

Lege mir Moos ins Herz
Reste von Weichheit darin zu verwahren

Bodenlos im Senkblick
    dem Echolot folgend

Magma und Granitgestein
      im Kern
wird noch Liebe vermutet

emil kehrt heim
— gerhard falk

Prolog

Es macht wenig Sinn, wenn ich den vielen klugen Abhandlungen zur Toleranz nun noch meine ungebildete hinzufüge. Auch möchte ich nicht mit Appellen aufrütteln. Was würden sie schon bewirken? Wer die Welt mit offenen Augen betrachtet, der wird genügend durchgerüttelt. Was uns von anderen unterscheidet ist, dass wir beobachten, aber nicht selbst wirklich betroffen sind, auch wenn wir mit Betroffenheit reagieren. Natürlich können wir dem Flüchtling unmittelbar begegnen, sein Schicksal wahrnehmen und tun, was wir tun können. Wir können uns verantwortlich fühlen und aus dieser Verantwortung heraus entscheiden und handeln, ganz unmittelbar oder durch Wahlen. Wir können unser Leben ändern, und das fängt immer damit an, dass wir die Perspektive auf die Mitmenschen und die Welt ändern, auch versuchen, sie mit den Augen der anderen zu sehen.

Aber da bin ich doch wieder so schrecklich theoretisch und fast schon schulmeisterlich. Deshalb will ich lieber eine wahre Geschichte erzählen, die mein bis heute 70-jähriges Leben nachhaltig beeinflusst hat, denn sie handelt von meinem Vater, der im Weltkrieg seinem „Feind" begegnete, der ihm schließlich sein Leben rettete, weil auch er im „Feind" den Menschen erkannte, der wie er eine Familie mit Kindern hatte, die nichts anderes wollten, als glücklich zu sein. Wir mögen solche Haltungen Toleranz nennen, doch vielleicht ist es auch nichts weiter als Liebe, die im Inferno des Krieges die Frage stellt: „Warum sollen wir töten, wenn wir doch leben wollen?"

Was ist ein Mensch wert? Aber lest besser selbst…

Emil kehrt heim

Es ist Februar 1946. Die schwarze Dampflok schnauft und zischt unter der Last der vielen Wagons, die ihr in sonderbarer Zusammenstellung folgen. Als habe man von verschiedenen Zügen einzelne Wagen herausgenommen und sie wahllos hinter diese Lokomotive gehangen. Den Schluss bilden mehrere Gepäckwagen mit jeweils nur einem Fenster. Der Zug ist voll, übervoll. Hinter den Fensterscheiben sind viele Gesichter, die ernst und stumm nach draußen schauen. Die in den Gepäckwagen sieht man nicht.

Emil sitzt in der Mitte des Zuges auf einem Fensterplatz und sieht hinaus. Es ist ein 3. Klasse Wagon der Reichsbahn mit Holzbänken und in der Mitte einem Durchgang, der jetzt aber auch mit heimkehrenden Soldaten belegt ist. Graue Uniformen, schmutzig, abgewetzt und teilweise zerrissen, ohne Rangabzeichen, und auch die eine oder andere zivile Hose und Jacke umhüllen die meist hageren Gestalten mit Gesichtern, die das Lachen vergessen zu haben scheinen.

Odessa, Minsk, Warschau, Berlin, Hannover, Friedland. Bis Berlin reiste Emil in Güterwagons, die für die Landser aus russischer Kriegsgefangenschaft teils mit dünnem Stroh ausgelegt waren, teils aber auch nur den nackten Bretterboden aufwiesen. In der Ecke stand ein Eimer, aber nicht immer.

Drei Wochen, vielleicht auch vier, dauerte für Emil diese Heimreise. Durch Minsk kam er zweimal. Einmal als Hauptgefreiter des deutschen Heeres, dann als Heimkehrer aus russischer Kriegsgefangenschaft, in die er im Winter 1944/45 geraten war.

*

Er wollte diesen Krieg nicht. Doch im Frühjahr 1940 musste er seine Postuniform gegen den grauen Rock der Wehrmacht tauschen. Seine Frau blieb mit der damals 15-jährigen Tochter zurück und übernahm seinen Dienst als Briefträgerin. Einen Heimaturlaub hatte er zu Weihnachten 1941. Seitdem bekam er gelegentlich einen Brief und 1942 auch die Mitteilung, dass seine Frau in der Heimat die zweite Tochter zur Welt gebracht habe! Beide seien wohlauf, doch Heimaturlaub könne er nicht bekommen.

Die Kriegsgefangenschaft brachte ihm die Erlösung aus einem Wahnsinn, in dem längst nicht mehr klar war, wer Freund und wer Feind sein sollte. Das Sterben um ihn herum wurde im Laufe der Jahre zu einem abgestumpften Alltag, in dem nicht einmal mehr das Überleben wirklich erstrebenswert schien. Einmal bekam er Granatsplitter ins Bein und wurde für ein paar Tage in ein Feldlazarett verlegt. Damals betrachtete er oft das kleine Foto, das seine Frau mit der ersten Tochter zeigte. In diesen Nächten malte er sich aus, dass seine zweite Tochter sicher noch viel schöner sei als diese Beiden auf dem Bild. Emil weinte dann still und schmeckte die salzigen Tränen. Bevor er davon zu träumen begann, rückte eines nachts unter dem teuflischen Klang der Stalinorgeln und der anderen schweren Geschütze die Front näher, und das Lazarett wurde aufgelöst. Emil kam zurück zu seiner Truppe. Kurz darauf geriet er in russische Gefangenschaft.

*

Der Zug rattert in den Kasseler Hauptbahnhof. Emil nimmt kaum noch die Zerstörungen der Bombennächte wahr. Seit Berlin sah das überall gleich aus. Jetzt würden sie sicher über Treysa-Wabern bald in Marburg sein – daheim. Obwohl in ihm unbekannte, verlorene Gefühle aufsteigen, kommt kein glückliches Lächeln in sein Gesicht. Wann hatte er zuletzt gelächelt? Vom Bahnsteig draußen hört er lautes Rufen. Im Zug ist es unruhig. Doch mit seinen Gedanken ist Emil noch immer in Russland, im Gefangenenlager bei Odessa.

Er hatte den Krieg überlebt. Doch in diesem Lager drohte er, wie viele andere zu verhungern oder an einer der zahlreichen Infektionskrankheiten zu sterben. Die Haut spannte über seinem geschundenen Körper, die Splitter im Bein eiterten einer nach dem anderen heraus, doch nicht alle.

Eines Tages wurde er zum Lagerarzt geführt; ein Offizier, der zwar besser ernährt schien, doch auch die langen Kriegsjahre in den Augen hatte. Müde forderte er Emil auf sich zu setzen, löste den schmutzigen Verband vom Unterschenkel und ersetzt ihn durch einen neuen. In gebrochenem Deutsch fragte er den deutschen Kriegsgefangenen nach seiner Familie. Emil fingerte eine kleine flache Blechdose aus der Brusttasche seiner Uniformjacke. Darin bewahrte er einen Rasierapparat und das Foto von Frau und Tochter auf, das er jetzt dem Russen reichte. Seinen Ehering hatte man ihm schon vor Monaten abgenommen. Lange versanken die Blicke des Arztes in das Foto, bis er aufschaute und an den Schreibtisch in der hinteren Ecke des Zimmers ging. Er forderte Emil auf, sich vor den Tisch auf den Stuhl zu setzen. Dann griff er in seine Jackentasche, holte sein Foto hervor und legte es zu Emils Foto auf den Tisch.

„Meine Frau, meine Tochter", sagte er betont langsam und fast akzentfrei. Dabei lächelte er Emil an, und Emil lächelte zurück.

*

Mit einem Ruck setzt sich der Zug wieder in Bewegung. Über Emils Gesicht huscht ein erstes Lächeln in der Heimat. Wie nahe war er jetzt diesem russischen Ehemann und Vater, der ihm nach dieser Untersuchung einen Entlassungsschein ausstellte mit dem Vermerk einer hoch ansteckenden Magen-Darm-Infektion. Sie bewirkte, dass man Emil schnell nach Westen durchreichte.

Als der Heimkehrerzug durch Cölbe schnauft, zieht Emil das Fenster herunter und hält den Kopf in den kalten Fahrtwind. Wenig später sieht er hoch auf den Lahnbergen das Marburger Schloss, und im Tal grüßen ihm die Türme der Elisabethkirche entgegen. Marburg lebt noch.

Die Bremsen des Zuges kreischen schrill, und Emil wird mit hinausgeschoben auf den Bahnsteig. Dort steht er wie vom Unheil wieder ausgespuckt als ein Schatten in einer verschlissenen, ausgedienten Uniform. Seine Augen schauen aus tiefen Höhlen der Frau entgegen, die langsam auf ihn zugeht und fragt:
„Bist du es, Emil?"
„Ja Gretel, ich bin es wieder."

Sie umfasst seinen dürren Körper und er zieht sie zu sich heran, spürt ihren weichen Busen an seiner knochigen Brust und ihren von heftigem Schluchzen geschüttelten Körper. Aus seinen Augen fließen wieder Tränen, die salzig schmecken. Der Bahnsteig hat sich fast geleert, als sie sich voneinander lösen.

„Wo sind die Mädchen?", fragt Emil.
„Ich habe sie zu Hause gelassen, weil ich nicht wusste, ob du dieses Mal wirklich dabei bist."

„Lass uns gehen Gretel, ich will sie sehen", sagt Emil, und das Lächeln in seinem Gesicht bleibt.

*

Emil konnte anfangs nur Haferschleim essen. Es dauerte viele Wochen, bis er wieder zu Kräften kam. Auch seine Arbeit als Briefträger konnte er bald wieder aufnehmen. Sie hatten nicht mehr damit gerechnet, doch nach einem Jahr gebar Gretel einen gesunden Jungen.

im eisigen winter

— tobias hainer

Der kalte Schnee verstopft den Mund
ermüdete Fremde im Kopf
Wörter bleiben in der Kehle stecken
ein Muster des Schweigens im Winterschlaf

Eine Suche zwischen Tür und Angel
blind im Schlaf buchstabiert
wo das Wort im Winter gefriert
kreisen Gedanken arglos vorüber

Der träge Zeiger der Zeit
ritzt wütende Träume in den Verstand
doch die Augen der Welt
schweigen in Gesprächen

nur ein traum

— wolfgang mach

Ich habe geträumt
am helllichten Tag
von der erlösenden Nacht
von ahnungslosem Frieden
vom Waffenstillstand im Vollmond
von dort
wo sich aufgebrachte Fremde
wie alle Freunde umarmen
habe geträumt

zitternde Panzer bleiben stecken
im Schlamm eingerosteter Politik
mit dem Rohr nach unten
die Kanonen
versinken im Abgrund der Erde

stumme Gewehre biegen sich
zu den tollsten Gebilden
wie blutendes Wachs
zu tropfenden Formen

verwirrte Raketen schwirren frei
ins blinde Universum
gleichsam ein heiteres Feuerwerk
auf nimmer Wiedersehn
traurige Leuchtspuren bleiben
bin Tagträumer
bin der Imagination
auf den Leim gegangen
ich huste in den Tag
nur ein Traum

VERWEHT DIE ERINNERUNG

Aus fremder Tiefe
blicken Augen
geradeaus ins Nichts

Gefühle gefesselt
in verlorenen Ahnungen
sehen hindurch
ins Unbekannte

Vergessen die Freude
die so beschwingt war

Zerronnen die Früchte
die so bitter waren

Es lebt der Moment
sucht Halt in Gedanken
ohne ein Gestern

aufforderung

— michael starcke

lasst uns nicht gedankenlos
sein bei der wahl unserer worte
und uns tolerant genau
überlegen, was wir sagen.
schnell ist jemand verbal
stigmatisiert
oder hingerichtet
nach herrenmenschmanier,
ausländer raus,
während wir in reisekatalogen
blättern von israel oder portugal.

lasst uns nicht gedankenlos
vorbeigehen an grabschändungen
und schmierereien,
dem runenbuchstaben
hakenkreuz
an den wänden
unserer gästehäuser.

menschen sind wir
und fremde, manchmal auch
in unserem eigenen land,
aktennotizen und zahlen,
vom fenster weg
ins leben verbannt.

lasst uns nicht gedankenlos
die bilder ignorieren jedweden
krieges. nie wieder, schreit es,
erkenntnishart und sehr verzweifelt.

besonders schlimm
ist u-bahnfahren

— magnus tautz

Ich schiebe den Kinderwagen durch die enge Tür.
Der Kleine sitzt jetzt schon im Wagen. Die Menschen
lächeln. Die Menschen lächeln ihm zu. Sie lächeln mir
zu. Einige schauen etwas neidisch. Ein Pärchen rückt
näher aneinander. Sie flüstert ihm zärtlich etwas zu.
Sie lächelt. Eine ältere Dame zeigt dem Kind einen
Keks. Sie schaut zu ihm. Dann zu mir. Sie fordert eine
Zustimmung ein. Ich schüttele mit dem Kopf. Sie ver-
steht mich. Sie steckt den Keks wieder ein. Sie holt
ihn wieder heraus. Sie zeigt ihn wieder. Der Junge
greift nach dem Keks. Ich schüttele mit dem Kopf. Er
schnappt ihn sich. Die ältere Dame ist zufrieden. Sie
schaut mich verunsichert an. Das Pärchen schaut er-
staunt zu. Sie flüstert ihm etwas Ernstes in die Ohren. Er
schüttelt mit dem Kopf. Er schaut die ältere Dame an.
Er spricht die ältere Dame an. Sie winkt ab. Sie sagt
etwas. Ich verstehe es nicht. Ich verstehe ihre Sprache
nicht. Er spricht mich an. Ich verstehe seine Sprache
nicht. Sein Gesichtsausdruck ist besorgt. Das Kind kaut
an dem Keks. Das Kind dreht sich zu mir um. Ich sage
nichts. Es ist verunsichert und wirft den Keks auf den
Boden. Ich hebe ihn auf. Ich gebe ihn der Frau zurück.
Sie schüttelt mit dem Kopf. Dann lacht sie wieder. Eine
andere Frau steigt ein. Ihr Kind zeigt auf das Kind in
meinem Kinderwagen. Beide lachen. Sie freuen sich.
Die Frau neben mir streichelt meine Schulter. Sie will
wohl sagen, toll, einfach toll dieses Kind. Ich verstehe
ihre Sprache nicht. Aber ich weiß, was sie sagen will.
Sie können eine stolze Mutter sein. Ich schaue auf das
Kind in meinem Wagen. Ich sehe den Hinterkopf. Da-

hinter die vielen Menschen, die lachen. Sie lächeln auch immer mir zu. Ich verstehe ihre Sprache nicht. Aber ich weiß, was sie sagen wollen. Einiges steht in ihren Gesichtern. Sie recken ihre Körper in die Mitte zwischen die Sitzreihen. Sie winken mit vorsichtigen Händen. Ich sehe an ihnen vorbei. Ich schaue in die Fenster. Hinter den Scheiben ist es schwarz. Ich sehe nur mich selbst. Ich schaue wie in einen Spiegel. Ich höre Schreie. Meine eigenen Schreie. Ich sehe wieder den Soldaten, seine Wut. Ich höre das Keuchen seiner unendlichen Wut. Ich spüre, wie die Wut in mich eindringt. Immer wieder in mich eindringt. Ich spüre den Schmerz. Ich sehe, wie ich weglaufe. Immer wieder nur, wie ich weglaufe. Ich sehe das Kind in dem Wagen vor mir und die Menschen, die mit ihm lachen.

wißt

— jürgen polinske

Ich schmecke die Welt
Mit dem Blut meiner Zunge
Mir brennt sich die Welt
Himmelhoch, Meerblautief in die Lunge
Viele Narben, sind meine Narben
Die tiefsten, wenn Kinder darben
Und offen sind Wunden
Von verlorenen Lieben, Lieben geschunden
Tränen löschen und brennen
Reden schmerzt, wie nicht schweigen können
Niemandem wird unendliches Glück
Und Unrecht kehrt auch zurück...

kriegskinder

„Unsere Mütter, unsere Väter"

— sabine birken

Wenn die Erinnerung
Die Zunge lähmt
Das Herz stehen bleibt
Der Schweiß ausbricht
Aber nicht die Stimme
Nicht die Tränen
Ungeweinte und geweinte

Du musst dich
Schützen
Und schweigst

Wenn das Unaussprechliche
Ansehen
Einen weiteren Tod bedeutet
Einen im Leben
Der keine Erleichterung bringt
Und du die Unschuld
Deiner Kinder siehst

Du willst sie
Beschützen
Und schweigst

Wenn die Gegenwart
Deiner Kinder
Dich in die Pflicht nimmt
Schicht um Schicht
Aus Trümmern Häuser bauen

Fassaden für dich und
Straßen für die Jungen

Euer Schweigen
Hat es uns schwer gemacht
Dennoch

Jetzt da ihr fort seid
Dauert uns
Unser Schweigen

vor malta

— ingo cesaro

im seeuntüchtigen Kutter
Durst gelitten
dann beim Kentern
vor Malta
viel zu viel Wasser
bis zum Ertrinken

im Netz herausgezogen
ein Geschwisterpaar
keine zehn Jahre alt
eng umschlungen im Tod
jeder die Rettung
beim Anderen vergeblich
gesucht

stockend erzählte
der alte Fischer
von diesem Fang
und hat Angst davor
seine Netze
wieder auszuwerfen.

alima, das mädchen aus aleppo
3 Sequenzen aus dem Roman

— birgit gröger

Rosarote Sandalen

Alima sitzt neben ihrer Mutter auf einer Bank im Flücht-lingslager. Der Boden ist noch feucht und matschig vom Regen in der Nacht. In der Luft hängt der mod-rige Geruch von nassem Holz. Ihre Füße und die rosa-roten Sandalen sind schmutzig. Freundliche deutsche Menschen im Lager gaben ihr die Sandalen. Rosarot mit zwei pinkfarbigen Herzen.

Eigentlich mag Alima kein Rosarot. Doch sie ist froh, wenigstens ein Paar Schuhe zu haben. Ihre eigenen hatte sie irgendwann auf der langen Flucht aus ihrer Heimatstadt Aleppo verloren. Anfangs schmerzten ihre Füße beim Barfußlaufen über die staubigen und steinigen Straßen. Wenn Raketen in ihrer Nähe ein-schlugen und sie mit den anderen um ihr Leben rann-te, merkte Alima gar nicht, dass sie keine Schuhe trug. Der ungeheure Lärm der Einschläge und die Schreie der Menschen klingen noch immer in ihren Ohren. Der Geruch des aufwirbelnden Staubes und der brennen-den Häuser geht ihr nicht aus dem Sinn. Oft genug klopfte ihr Herz bis zum Hals.

Immer wieder betet sie zu Allah, ihre Mutter nicht auch noch zu verlieren. Ihren Vater und ihre beiden Brüder Omar und Hasan hatten sie aus den Augen verloren, als die bewaffneten Männer sie und viele andere

Menschen in großem Gedränge in die Boote trieben. Ihr Vater gab diesen Männern Geld, viel Geld, damit sie alle mit ins Boot durften. Das hatte Alima beobachtet. Alle Ersparnisse der letzten Jahre hatte ihre Mutter aus der Blechdose hinter dem Küchenschrank geholt. Da es nicht genug war, hatten auch ihre Großeltern noch einiges dazu gegeben. Ach Tete und Jido, wo ihr jetzt wohl sein werdet? Alima denkt oft an ihre Oma und den Opa. Sie wollten nicht die lange und ungewisse Flucht auf sich nehmen, weil sie sich zu alt und krank fühlten.

„Ich bin hier geboren und, so Allah es will, werde ich auch hier sterben!", hatte Tete, ihre Großmutter, gesagt. „Aber ihr seid noch jung und sollt es einmal besser haben. Ihr sollt ohne Krieg und ohne ständige Angst und Not aufwachsen. Ihr sollt ein besseres Leben führen, in die Schule gehen können und einen Beruf erlernen."

Und Jido, ihr Großvater, fügte hinzu: „Hier habt ihr keine Zukunft. Syrien stirbt!"

Die Schule in Aleppo

Alima liegt auf ihrem Bett im Flüchtlingszelt. Wieder einmal kann sie nicht einschlafen. Bloß nicht wieder einen dieser schrecklichen Albträume bekommen, denkt sie.

Neben ihr liegt ihre Mutter. Alima merkt, dass auch sie noch wach ist. Viele Gedanken gehen ihr durch den Kopf. Sie denkt an Syrien, an ihre Heimat, an ihre Schule. Alima ging gern in ihrer Heimatstadt Aleppo zur Schule.

Ihr Vater sagte oft: „Nur wer lesen und schreiben kann, hat eine Zukunft."

Alima möchte eine Zukunft haben. Ihr Traum ist es, später einen Mann und selbst Kinder zu haben. Sie möchte einmal Lehrerin werden. Sie möchte anderen Kindern Lesen und Schreiben beibringen. Vielleicht könnte sie auch Ärztin werden und verletzten Kindern helfen.

In ihrer Heimatstadt konnte sie jedoch schon seit Wochen nicht mehr die Schule besuchen. Böse Männer hatten das Gebäude besetzt und aus den Fenstern auf Leute geschossen, sogar auf Kinder! Kein Kind in der Stadt konnte mehr zur Schule gehen, obwohl in Syrien ja eigentlich Schulpflicht für alle Kinder besteht. Ihre beiden Brüder hatten sich gefreut. Omar und Hasan sind nie gern zur Schule gegangen. Sie spielten lieber den ganzen Tag im Freien zwischen zwei Autowracks, die von einer Granate zerstört wurden.

Alima hofft sehr, ihre Brüder und Baba, ihren geliebten Vater, und auch ihre Großeltern bald wiedersehen zu können. Vielleicht kann sie, Alima, ja sogar hier in diesem fremden Land in die Schule gehen. Vielleicht kann sie diese fremde Sprache eines Tages lernen. Vielleicht würde sie ja sogar Lehrerin werden können, Geld verdienen und für ihre Mutter und die andern Familienmitglieder sorgen.

Oh ja, ich würde wirklich gern hier zur Schule gehen, denkt sie, bevor sie schließlich doch in einen unruhigen Schlaf fällt.

[...]

Lauf, so schnell du kannst!

„Lauf, lauf, so schnell du kannst!" Alimas Vater reißt Alima aus dem Schlaf und aus dem Bett. Heulende Sirenen durchdringen die Nacht. Alima riecht Rauch und Staub. Sie kann kaum noch atmen. Plötzlich schlägt eine Granate dicht neben ihr ein. Ein ohrenbetäubender Lärm um sie herum. Alimas Herz klopft bis zum Hals. Wo soll sie hin? Baba, wo bist du? Eine Wand neben ihr stürzt zusammen. Sie rennt die Treppe hinunter auf die Straße. Überall rennen Menschen wild durcheinander. Chaos, Rauch und Staub überall. Tränen rinnen über ihr von Staub und Ruß verschmiertes Gesicht. Ihre Augen brennen wie Feuer.

„Mama, wo bist du? Mama, Mama...!"

Da spürt Alima eine weiche warme Hand auf ihrer Wange. Jemand nimmt sie in die Arme. Alima saugt den vertrauten Duft ihrer Mutter tief ein und schmiegt sich an sie. Wieder einmal hatte sie einen ihrer schrecklichen Albträume. Sie ist völlig nassgeschwitzt. Ihr Herz pocht so laut, dass sie meint, alle im Zelt müssten es hören. Wie gut, dass sie jetzt in Sicherheit ist! ...

in die fremde
— robin uphoff

Haus ohne Dach
Sinn ohne Leben
Kind ohne Mutter
Ziel ohne Weg

Dach ohne Haus
Weg ohne Ziel
Mutter ohne Kind
Leben ohne Sinn

kriegseltern

— sabine birken

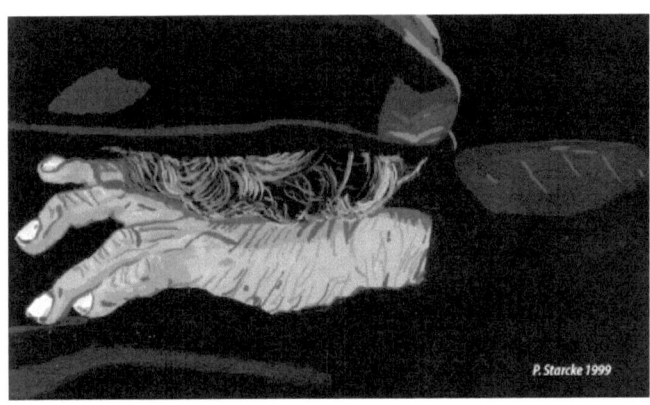

Ich vermisse
Dich
Jeden Tag
Nicht Die
Die Du warst
Die
Die Du hättest

Sein können

an irgendeinem tag

— michael starcke

kann ich mich
an irgendeinem tag
völlig unbeteiligt
den bildern eines krieges
widersetzen,
den ich nicht kenne,
aber bis ins detail
als erzählung
beschrieben finde
in einem buch?

der ich-erzähler
lässt mir keine wahl.
er lenkt meine blicke,
leiht mir seine augen,
versenkt seine gedanken
in meine, lässt mich
ihm folgen, formt
meinen inneren zwang,
ohne mich zu erpressen.

verbündete werden wir,
unnachgiebig und sanft,
zwei personen,
jede ein ich, jede ein wir,
imaginäre freunde
aus ein und demselben grund,
du sollst nicht töten.

appell

— sabine fenner

Ich möchte von denen erzählen
Die etwas zu sagen haben
Von den Toten und den Lebenden
Von Jungen und Alten
Geschlechterübergreifend

Von Menschen
Die auch Niederlagen ins Licht rücken
Hofnarren, Spieler und Soldaten
Die ihr Leben verloren
Deren Söhne zu Männern wurden

Und all denen
Die täglich ihren Dienst am Menschen ausrichten
In Liebe und Respekt
Denen viel zu wenig Beachtung geschenkt wird
Den Menschen hinter den Kulissen
Ohne die unser Leben zur Farce würde

Denen, die meinen
Man könne nichts tun
Möchte ich sagen:
Hört auf euer Herz
Für das Leben und die, die nach uns kommen

es

— magnus tautz

Es wird einfach da sein
und aus Spiegeln treten,
Zeile für Zeile in seine
Umlaufbahn steigen,

Es wird maßlos sein:
Stadt, Land, Fluss und
die Tunnel passieren,

Es wird Brücken bauen
und lächeln über dem
Abgrund der Wörter,
Es wird das Gesicht
dieser Stadt haben,

Es wird von Türmen schauen,
einfallen in das plötzliche Dunkel,
Es wird Hoffnungsfähnchen halten,

Es wird sich gedulden,
Es wird sich gewöhnen,
sich in den späten Regen mischen,

Es wird das Land einnehmen
und nichts bewirken,
Es wird einfach da sein
und Töne haben.

derselbe ton

— tobias hainer

reist quer durch die Zeit
keiner weiß wie weit
er ruht im Sturm
singenden Schweigens
und steckt im Tod
des ewigen Bleibens

Derselbe Ton
den niemand beweint
der wie Schneeflocken
im Haare erscheint
er webt sich fort
in der gleichen Sekunde
und fühlt den Tod
in errechneter Stunde

Derselbe Ton
der tausendmal stirbt
und zum stummen Zeugen
der Gewaltkrone wird
den niemand beweint
in der kalten Welt
wo Rhythmik aus Stahl
den Sinnen gefällt

Derselbe Ton
in Nichts aufgelöst
in schweren Qualen
schweigsam entblößt

Derselbe Ton
um den Niemand weint
weil Niemand
im Niemand erscheint

wir tun es noch...

— jens junk

Wir haben gemeint, es wären Wilde,
und meinen es noch...
wir haben den ganzen Kontinent ausgebeutet,
und tun es noch...
wir haben der Bevölkerung die Existenzgrundlage zerstört,
und tun es noch...
wir haben ihre Not ausgenutzt für schmierige Geschäfte,
und tun es noch...
wir töten jeden Skrupel um des Profits willen,
und tun es noch...

und jetzt finden wir es unerhört,
wenn sie zu uns drängen,
und etwas zurück wollen!

frage der sicht
— stephanie mattner

                    FREIHEIT
ein Blickwinkelspiel
aus verzierter Voliere
                Singsang
      für Systeme
Sinn an Ketten
              gehangen
        gefangen
aus Kehlen
                Tirili
Freiheit besungen
Blickwinkelirrung
und Du weißt nicht
                    WIE

grenzen

— dirk eickenhorst

Wir alle sind Menschen
ganz egal
wo immer wir herkommen
wie immer wir aussehen
welche Sprache wir sprechen
woran wir glauben
Wir alle sind Menschen

Wir alle sind Menschen
lass dir nicht einreden
es gäbe mehr als eine Rasse
du wärst mehr wert als andere
du wärst weniger wert als andere
du wärest getrennt von den anderen
Wir alle sind Menschen

Wir alle sind Menschen
leben auf dieser einen Erde
warum trennen wir uns nach Hautfarben
warum trennen wir uns nach Glaubensrichtungen
warum trennen wir uns nach Nationalitäten
warum nur wollen wir uns voneinander trennen
Wir alle sind Menschen

Es sind die Grenzen in unseren Köpfen
Es sind die Grenzen in unseren Herzen
Es sind die Grenzen in unseren Seelen

Diese Grenzen haben wir selbst erschaffen
sie ersticken unsere Menschlichkeit
versperren unseren Blick auf das Wesentliche
Wir alle sind Menschen

Wenn wir es schaffen diese Grenzen wieder
zu überwinden
niederzureißen
aufzulösen
unnötig zu machen

Dann werden all die Grenzen die uns trennen
für uns nicht mehr von Bedeutung sein

Wir alle sind Menschen
ganz egal
wo immer wir herkommen
wie immer wir aussehen
welche Sprache wir sprechen
woran wir glauben

Wir alle sind Menschen.

das toleranteste land

— dirk eickenhorst

„Frau Onke-Weeke bitte?", tönt die Sprechanlage.

Ich fühle mich nicht angesprochen. Ich erwarte mein Vorstellungsgespräch in einer bekannten Kölner Werbeagentur, bei der ich mich als Grafikdesignerin beworben habe. Keine der Bewerberinnen steht auf.

Eine Minute verstreicht.

„Frau ...", die Stimme zögert, ein Räuspern.

„Ong-Jeck-Wecke?"

Mir dämmert, dass ich gemeint bin. Die anderen Frauen sehen nicht nach einem Namen aus, der die Personalleiterin der Werbeagentur überfordert. Dennoch schaue ich die Frauen fragend an.

Diese verstehen mich offenbar, denn sie sagen brav ihre Nachnamen auf.

„Müller", sagt die Blonde mit dem etwas zu gewagten Ausschnitt.

„Berberich", flüstert die hübsche Pixie-Cut-Trägerin mit den Sommersprossen.

„Ungewaschen-Schnäbler", sächselt die rothaarige Frau mit der sympathischen Ausstrahlung.

Die letzte Bewerberin tut, als hätte sie überhaupt nichts mitbekommen, starrt stattdessen aus dem Fenster, als fasziniere sie der schick umgebaute Kölner Hafen über alle Maßen.

Ich stehe auf und eile zu der Tür, die sich gerade öffnet. Ein freundlich lächelnder Mann in den Vierzigern steht im Türrahmen und bedeutet mir einzutreten. Nervös trete ich durch die Tür und steuere gleich den einzigen freien Stuhl im Raum an. Mir sitzen drei Personen gegenüber. Alle lächeln ein bisschen zu breit.

„Nun, Frau ..."

Schon wieder dieses dämliche Zögern. Die haben doch meine Bewerbung seit Wochen vorliegen, da hätten sie den Namen ja üben können, wenn er ihnen so schwer über die Lippen kommt.

„Frau ... ähm ...", setzt die Dame erneut an und zögert dann schon wieder.

„Onke-Jeck ..."

Es ist ihr dritter, erfolgloser Versuch. Erneut starrt sie angestrengt auf ihre Unterlagen. Ich will ihr gerade aushelfen und meinen Namen sagen, hole bereits tief Luft, da höre ich diesen unmöglichen Satz.

„Ach, was auch immer, es freut uns sie kennenzulernen."

Die Freude auf meiner Seite ließ da bereits etwas nach. Die gibt sich noch nicht einmal die Mühe, mich einfach danach zu fragen, wie mein Name ausgesprochen wird.

Ich verrate ihr den offensichtlichen Zungenbrecher trotzdem.

„Mein Name ist Iyobosa Onyejekwe".

Ein undefinierbarer Ausdruck entströmt den Gesichtern mir gegenüber, dann setzen die drei wieder ihr Lächeln auf wie eine zu groß geratene Maske.

Der Mittvierziger zu meiner Linken, der mir die Tür geöffnet hat, übernimmt die Moderation.

„Mein Name ist Gernot Basinger, ich bin der Executive Director der Agentur, die Dame in der Mitte ist unsere Staff Executive, Frau Krankmauser. Und zu ihrer Rechten sitzt Herr Frentzen, er wird - vielleicht - als Creative Director ihr direkter Vorgesetzter sein."

Ich nicke, lächele alle drei freundlich und - wie ich hoffe - gewinnend an.

Die drei rissen ihre Mundwinkel himmelwärts, als litten sie unter einem kollektiven Gesichtskrampf.

„Dann wollen wir das Gespräch entspannt beginnen.

Zunächst gestatten sie uns bitte, ihnen ein, zwei allgemeine Fragen zu stellen, bevor wir uns mit ihren Referenzen auseinandersetzen."

Zur Bestätigung nicke ich freundlich.

„Wo genau kommen sie her, wenn ich das fragen darf?"

„Sie dürfen. Ich komme aus Düsseldorf. Steht auch in den Bewerbungsunterlagen."

Das Lächeln von Herrn Basinger flackert kurz, wie eine Kerze bei geöffnetem Fenster, dann fängt es sich wieder.

„Sie verstehen schon, was ich meine, von woher stammen Sie ursprünglich"?

Ich glaube ich sitze im falschen Film, was soll das denn jetzt? Diese Frage stellt man mir andauernd, selbst an der Supermarktkasse. Es kotzt mich an, mich vor jedem dahergelaufenen Schnulli für meine Herkunft rechtfertigen zu müssen. Was soll das überhaupt bezwecken? Ist es eine nettere Form, mir zu sagen, ‚Du gehörst hier nicht hin, also geh doch bitte dorthin zurück, wo immer du auch herausgekrochen bist?'

Bleib cool, Iyobosa. Du willst diesen Job.

„Ich lebe in Düsseldorf und bin auch dort geboren, im Uniklinikum, um genau zu sein."

Es dauert ein, zwei Sekunden, bis sich Basingers Gesicht wieder sortiert.

„Ich formuliere es anders", sagt er. Hinter seiner Stirn arbeitet es fast spürbar. „Wo wurden ihre Eltern geboren, Frau Ohnejeckweck?"

Ich schlucke, entscheide mich dann aber dagegen, die fortgesetzte Verballhornung meines Namens zu kommentieren. Eines Tages lernt er es noch, hoffe ich.

„Meine Mutter in Düsseldorf, mein Vater in Münster."

‚Wie genau betrifft das bitte meine Bewerbung?', hätte ich ihn am Liebsten gefragt. Ich verkneife es mir aber. Schließlich will ich wirklich diesen Job.

„Sie müssen verstehen, dass bei einem so fremdländischen Namen und ihrem exotischen Aussehen - mit allem Respekt, versteht sich - Interesse bezüglich ihrer Herkunft besteht", versucht es der Frentzen noch einmal.

Ja klar, muss ich verstehen. Nicht. Mal sehen, woher die Negerin kommt. Ich dachte echt, gerade in Werbeagenturen denke man da moderner, globaler. Immer dieselbe unterschwellige, rassistische Scheiße.

„Wo liegen denn ihre ethnischen Wurzeln?", flötet die Krankmauser.

Ich fasse diese Frage nicht. Same Song, different Melody. Bleib ruhig Onye, du willst den Job haben.

Ich atme zweimal tief ein und aus.

„Die Eltern meiner Mutter stammen aus Nigeria, die Eltern meines Vaters aus dem Kongo. Meine Eltern, meine Geschwister und ich sind allesamt Deutsche."

„Ihr Migrationshintergrund spielt für uns selbstverständlich keinerlei Rolle und hat auch keinerlei Einfluss auf eine Entscheidung für oder gegen sie als Bewerberin", fügt Gernot Basinger hinzu.

Sicher. Und weil es keinerlei Rolle spielt, dreht es sich bis jetzt um nichts Anderes.

„Kriegsflüchtlinge?", fragt die Krankmauser mit mütterlich-glubschäugigem Gesichtsausdruck, „oder Wirtschaftsmigranten? Mann liest ja so viel darüber."

Ich. Fasse. Es. Nicht. Das Gegenteil von gut ist gut gemeint. Ein klassischer Facepalm.

Es nervt mich extrem, trotzdem halte ich den verdammten Vortrag.

Ich. Will. Diesen. Job.

„Nein, nichts davon trifft zu. meine Großeltern sind aus ihren Heimatländern über ein Studentenaustauschprogramm nach Deutschland gekommen. Nach dem Studium sind sie geblieben, haben die deutsche Staatsbürgerschaft angenommen und sich hier etwas aufgebaut. Mein Großvater mütterlicherseits ist Biologe, seine Frau, meine Großmutter, Theologin. Die Großeltern väterlicherseits sind beide Psychologen mit einer Praxis in Düsseldorf. Meine Eltern haben sich während des Studiums kennengelernt und verliebt. Schließlich sind sie in Düsseldorf zusammengezogen. Sie heirateten, dann kam ich ins Spiel. Meine Mutter ist Chirurgin und mein Vater Ingenieur im Bauwesen."

Die ungläubigen Mienen der drei Agenturvertreter verraten mir, dass sie ernsthaft die Möglichkeit in Erwägung ziehen, ich tische ihnen eine Lügengeschichte auf. Frau Krankmauser macht sich Notizen. Frentzen und Basinger glotzen mich mit halboffenen Mündern an, als fielen sie beide gleichzeitig einem Dementor aus Hogwarts zum Opfer. Ich versuche die Situation aufzulockern, wechsele das Thema.

„Wie wär's, wenn wir jetzt meine Mappe durchgehen? Ich habe Referenzen und Beispielarbeiten darin", frage ich aufmunternd in die Runde.

Ich möchte diesen Job.

Nach meiner Präsentation warte ich wieder draußen. Die Mitbewerberinnen haben ihre Chancen. Nach zwei Stunden bleiben der schüchterne Pixie-Cut namens Berberich und ich übrig. Wir erhalten einen neuen Termin.

Das zweite Gespräch beginnt angenehm. Herr Basinger hat meinen Namen geübt und bietet mir kumpelhaft-jovial das „Du" an.

„Ich bin der Gernot, aber alle nennen mich Gerry."

„Angenehm, ich bin Iyobosa."

Jetzt rezitieren die anderen ihre Vornamen - Frau Krankmauser ist eine ‚Uta' und der Frentzen ein ‚Dieter-Olaf'.

Dann spricht mich Uta an.

„Iyobosa klingt japanisch. Sind japanische Namen in

Afrika beliebt?"

Diese Frau macht mich wütend. Wieso muss sie darauf rumreiten, dass ich nicht „typisch deutsch" aussehe und heiße? Was ist ihr Problem?

„Keine Ahnung, was in Afrika in ist oder nicht, ehrlich. Ich habe Afrika nie besucht. Iyobosa ist nigerianisch und bedeutet „Gott hilft". Meine Mutter gab mir den Namen aus Dankbarkeit, weil sie hier in Deutschland ihr Glück fand."

„Ist das aber eine schöne Geste", flötet Uta.

Am Ende des Termins habe ich den Job. Ich freue mich, hoffe aber, diese drei während der Arbeit selten zu sehen. Nach den feierlichen Handshakes fehlen noch die warmen Abschiedsworte, die Gerry übernimmt.

„… und wir freuen uns auf eine erfolgreiche Zusammenarbeit mit dir, Oyabasu. Und du kannst dich freuen, in einer der führenden Werbeagenturen im vielleicht tolerantesten Land der Welt zu arbeiten. Darauf sind wir ein bisschen stolz."

Spontan fällt mir das Datum des heutigen Tages ein. Es ist der 9. November. Ich stelle mir die toleranten Deutschen vor, wie sie Synagogen in Brand stecken, Millionen von Juden, Roma und Sinti, behinderte und Menschen mit anderen Weltanschauungen auslöschen. Ich denke an Hoyerswerda, Pegida, die AfD, höre wieder die Sprüche in der U-Bahn.

„Guck dir die an, die Afro-Weiber haben alle dicke Kisten!"

Zwei Mädchen, vielleicht fünfzehn, kichern. Der Kerl neben ihnen starrt mir unverhohlen auf den Hintern, zwinkert, nickt anerkennend. „Passt schon!"

Ich erinnere mich an die Schmiererei am Gartentor meiner Eltern. „dreckige Nigger raus!"

Mir ist klar, dass daran nicht alle Schuld tragen. Zu

solchem Gräuel sind heute nur wenige Deutsche fähig oder bereit. Aber es gibt sie, die Unbelehrbaren. Schlimm genug.

„Ja, ich freue mich", antworte ich dem Gernot. Dann gehe ich.

Ich trete diese Stelle nicht an. Gewollte Toleranz gepaart mit diffusem Alltagsrassismus halte ich nicht aus. Ich mache mich mit Studienfreunden selbständig. Wir sind drei deutsche Staatsbürger. Wir arbeiten in Deutschland, verbringen unsere Freizeit hier, haben unsere Freundinnen und Freunde hier. Wir leben hier, wir lieben hier. Mit Euch. Aber während wir uns wie euch als Deutsche verstehen, die dieses Land lieben, so sehr, dass wir unsere gesamte Zukunft hier mit unseren Familien verbringen wollen, bleiben wir für die meisten von euch immer noch „die Afrikaner", „die Türken" und „die Chinesen". Im Jahre 2017 im wohl tolerantesten Land der Welt.

schein und sein

— dirk juschkat

Wer achtsam durch das Leben geht,
der hat sie schon gesehen;
doch der, der um sich selbst nur dreht,
bleibt niemals dafür stehen.

Er nimmt sie überhaupt nicht wahr,
ist fern von ihren Kreisen,
verabscheut sie im Grunde gar,
denn alle diese leisen,
benachteiligten Menschen hier
sind ihm suspekt, zuwider,
gehören nicht in sein Revier –
sind nicht einmal nur bieder.

Doch wer sie sieht, sich Fragen stellt
zum Schicksal, ihrem Leben,
der wird sich wundern, was die Welt
kann diesen Menschen geben.
Nicht laut und bunt, erst recht nicht reich,
so ist die große Masse –
sie sind viel weniger als gleich,
doch trotzdem einfach klasse.

Sind auch zufrieden mit dem Sein
und leben ganz bescheiden,
sie brauchen nicht den falschen Schein
und müssen keinen meiden.
Und selbst die niedrigsten daraus
noch stolz und aufrecht gehen,
ganz fern von Ruhm und von Applaus,
doch mit dem Herz zu sehen.

christopher street day

— christiane schwarze

In den Straßen von Köln formierten sie sich zu Tausenden. Es war kein Karnevalsumzug, auch wenn ein paar Männer mit Federboas und Lippenstift an ihr vorüberspazierten und einige Frauen in Lederkluft mit Stachelarmbändern. Natürlich wurden gerade die vom Fernsehen gefilmt.

Sollte sie sich nicht besser von den Kameras fernhalten? Das würde ihr gerade noch fehlen, sie neben einer stahlkettengeschmückten Lederlesbe in den Abendnachrichten!

Anne gehörte weder zu denen, die heiraten wollten, noch trug sie extra kurz geschnittene Haare oder brachte Regenbogenaufkleber am Auto an. Selbst auf eine kleine, silberne Doppelaxt um den Hals verzichtete sie. Obwohl dies Zeichen der Zugehörigkeit waren. Tausende in Kölns Straßen machten sich damit sichtbar.

Aus allen Ecken erschallten Ermutigungslieder und auf den Büchertischen lag Coming-out-Literatur.

Anne genoss es, in Köln angekommen zu sein und bei der Christopher Street Day-Parade mitzulaufen. Es tat ihr gut, an diesem einen Tag im Jahr aufrecht durch die Straßen zu gehen.

Ihr Rücken war die übrigen 364 Tage in verschiedenen Beugepositionen.

Nicht, dass die Leute ihr ins Gesicht gesagt hätten, sie sei krank und pervers. Das brauchten sie auch nicht zu tun. Das Dorf atmete es aus. Wenn sie zum Briefkasten ging, schwiegen es ihr die Nachbarn entgegen.

Die Tatsache, dass sie nicht zum Backhausfest einge-
laden wurde, war ebenso deutlich wie das fehlende
Kopfnicken beim Vorbeifahren, welches die Dörfler
bei ihr durch ein stirn-runzelndes Starren ersetzten.

Obwohl es eigentlich Unsinn war, blickte sie doch su-
chend in die Menge, ob Petra zu entdecken wäre.
Und wenn, sollte sie dann überhaupt auf sie zugehen?
Oder würde es möglicherweise eine peinliche Begeg-
nung für sie beide werden? Andererseits, hier dürfte es
doch eigentlich kein Problem sein, dass sie sich kann-
ten. Im Gegenteil.

Im Dorf war das etwas anderes. Da ging ihr Petra aus
dem Weg. Deren Eltern wohnten genau gegenüber
von ihrem Haus. Sie vermieden es zu grüßen, indem sie
taten, als seien sie völlig mit Rasenmähen oder Trep-
penputzen beschäftigt. Nur wenn ihnen Anne von An-
gesicht zu Angesicht begegnete, pressten sie ein „Gu-
ten Tag" aus ihrem Mund.
Die herausgequälte Grußformel kam meistens beim
Kehren zustande. Jeden Samstag wurde im Ort die
Straße gekehrt. Seit jeher und von allen. Auch Anne
fügte sich, obwohl sie den Sinn dessen selbst nach
zehn Jahren Landleben nicht begriff. Es schien ein Na-
turgesetz zu sein: SAMSTAGS WIRD GEKEHRT.
So wagte auch sie nicht, dagegen zu verstoßen; ah-
nend, dass Frauenliebe in der Abstufung des Wider-
natürlichen das Nicht-Kehren noch deutlich übertraf.
Da sie bereits der einen Absurdität für überführt galt,
wollte sie sich keiner weiteren schuldig machen.
Dabei hatte sie sich nie bei offener Haustür von ihrer
Freundin mit einem Kuss verabschiedet oder war gar
sonntags händchenhaltend die Hauptstraße entlang-
flaniert, wie all die Ehepaare es taten.
Stattdessen kratzte sie immer gewissenhaft mit dem

Messer jedes aufkeimende Unkraut aus den Randsteinritzen des Bürgersteiges. Doch selbst, dass sie zudem auch jeden Löwenzahn im Blumenbeet liquidierte, nützte nichts. Alle Dorfbewohner wussten, was von ihr zu halten war.

Petra hatte eines Abends einfach geklingelt. In der Küche erzählte sie, dass sie auch so wäre. Nun wolle sie zwecks Studiums nach Köln umziehen und erkundigte sich nach Adressen. Auf Annes Frage, was ihre Eltern dazu sagten, zuckte Petra die Achseln. Der Vater schweige und die Mutter putze, antwortete sie schließlich.

In diesem Moment beschlich Anne eine Ahnung, warum die Nachbarin jeden Samstag gegen elf Uhr, ob Regen oder Sonnenschein, sogar den gusseisernen Zaun Strebe für Strebe abwischte.

Ob die Eltern wussten, dass Petra heimlich bei ihr gewesen war? Sie versuchte es zu ergründen, als sie der Nachbarin beim Straßenkehren direkt in die Augen sah. Diese jedoch bückte sich sofort nach der Schaufel und warf den Dreck in den Eimer.

Anne blieb in der Nähe einer Frauenband stehen. Das Gedränge war zu dicht um direkt bis zu der Bühne zu kommen. So verstand sie die Texte nur bruchstückhaft, aber der Rhythmus gefiel ihr. Die Gruppe schien in Köln bekannt zu sein, denn einige Zuhörerinnen fielen lauthals in den Refrain ein: „Raus aus den Rattenlöchern! Wir kämpfen für unsere Liebe!"

Schon lange setzte man auf dem Lande für die Vernichtung von Ratten keine abgerichteten Hunde mehr ein, die sie mit scharfen Zähnen auseinanderrissen. Inzwischen benutzte man Gift. Das hinterließ keine Blutspuren.

unterschätzt nicht

— christiane schwarze

unsere Macht,
nein
zu sagen.

Unterschätzt nicht
unsere Kraft,
am selben Tisch sitzen
zu wollen.

Die Zeit
der Brosamen
beginnt
abzulaufen.

Warum sollen wir
bitten
um das,
was uns zusteht?

Wir fordern
gleich viel Recht
für gleich viel Leben.

wenn die zigeuner kommen

— ingo cesaro

wenn die Zigeuner kommen
tragen die besorgten Bürger
zuerst ihre Gartenzwerge
in die Häuser
dann erst suchen sie
ihre Kinder

klingeln die Teppichbeladenen Fremden
an der Haustüre
halten sogar die Gartenzwerge
für lange Augenblicke
die Luft an

wenn die Straßenlaternen angehen
und die Zigeuner das Dorf verlassen haben
bellen sich die Hunde
in den Vorgärten
hinter den Schildern „bissiger Hund"
die Angst aus dem Hals

aphorismen aus der rubrik bericht zur schräg_lage der nazi_on

— wolfgang endler

Global nazi_onal

Wozu Mensch sein?
Ich bin doch Deutscher
oder Russe
oder... oder...

Naumburg – 21. Jahrhundert

Ansichtskartenkauf
beim trendbewussten Buchhändler
Thor Steinar T-Shirt Träger
nur einen Steinwurf entfernt
von der Gedenktafel
in der Jüdengasse
erinnernd an die
Ausweisung aller Juden
im 15. Jahrhundert

Re_aktion oder Alles fürchterlich demagogisch

auf der Flucht vor seinem Mitgefühl
verfängt sich mancher
in Stolperdrähten
von Selbstschussanlagen

von gestern und morgen

— tobias hainer

Scharf sind die Splitter
Dornen in fremden Augen
stechen mit dem Messer des Hasses
wie ein Wespennest schwarzer Sonnen
aus blutiger Schattenzeit

Ihre Spur bodenlos
ihre Welle uferlos
ihr Heimatgefühl
ein brennender Vesuv
aus deutschem Hass

Graue Zeiten von Gestern
die heute wieder Angst macht
Morgen wieder das Wort
„Deutsch"
vor dem sich Menschen
wieder fürchten müssen

der pazifist

— dirk juschkat

Ich bin Pazifist, bedeutet: hab Schiss,
und weil das so ist, fehlt mir auch der Biss
im Unrecht der Welt, das um mich geschieht –
auch wenn nicht gefällt, was immer man sieht.

Und so heißt es ducken bei Hass und Gewalt,
sich nicht aufzumucken, sonst wirst du nicht alt,
wenn geifernde Schergen, vom Zorn dirigiert,
sich nicht mehr verbergen, das Land eskaliert.

Die Angst vor dem Fremden ist Angst um dein Geld,
die Nähe der Hemden erklärt euch die Welt,
doch wollt ihr nicht sehen die Wahrheit der Not,
lasst mit euch geschehen und fresst braunes Brot.

Der Feind ist viel näher, kommt nicht übers Meer,
ist Worteverdreher fürs leidende Heer
der Armen und Kranken, dem Volk ohne Sicht:
die Gier ohne Schranken, mehr will er doch nicht.

Und schreit ihr dagegen, sitzt er das nur aus,
wird sich nicht bewegen im goldenen Haus,
seid für ihn nicht wichtig, zu wenig für viel,
und auch nicht so richtig bedeutsam als Ziel.

Er hat seine Pfründe, das Feld ist bestellt,
und all eure Gründe für falsch er stets hält;
er ist und bleibt herrlich, steht niemals zur Wahl,
und doch so gefährlich: das Großkapital.

Und du Pazifist, du hast keine Macht,
wo immer du bist, wirst du ausgelacht;
zum Kämpfen kein Recht, zum Streiken kein Mut –
dann bleib lieber Knecht verborgener Wut!

gegen feministische bilder-stürmerei an einer berliner hochschule

zum Gedicht „Avenidas" von Eugen Gomringer

— dagmar neidig

BETON
Beton
Beton und Kunst
Kunst
Kunst und Köpfe
Beton
Beton und Köpfe
Beton und Kunst und Köpfe
Beton Kunst Köpfe

TRISTESSE
Alleen
Alleen ohne Blumen
Blumen
Blumen ohne Frauen
Alleen
Alleen ohne Frauen
Alleen ohne Blumen und ohne Frauen
und ohne Bewunderer

ZEITGEIST
Zeit
Zeit ohne Geist
Geist
Geist ohne Augenmaß
Zeit
Zeit ohne Augenmaß
Zeit ohne Geist und ohne Augenmaß
Zeit Geist: Ohne Zeit. Ohne Geist.

dieses land #22

— vinzenz fengler

die tage brechen ein
auf viel zu dünnem eis
es ist das alte kuhproblem
wir kauen an
überkommenen brocken

zum wir selbst sein
haben wir die zeit nicht mehr
die fahrscheine ins glück
sind lange entwertet

selbsternannte heilpraktikanten
drehen uns stricke
aus verlorenen nerven
und im sperrfeuer
der newsticker geht
die wahrheit stiften

bevor die demokratie
dreimal niest
kräht der bauer auf dem mist
und will eingelullt werden

an euch
— nepomuk ullmann

es gibt nichts, was nicht einfach und natürlich ist. allein
kriege erlauben sich alles. was uns als freiheit und ge-
rechtigkeit verkauft wird, ist nichts anderes als knecht-
schaft und versklavung der anderen. geopfert, ge-
foltert und verprügelt… und dann wird daraus noch
gewinn geschöpft. wir haben menschen zerfetzt, zer-
fleischt, lebendig verbrannt und vergast. die körper
wurden gestapelt, nicht begraben – das alles namen-
los, wie sie gelebt hatten. selbst die asche wurde aus-
gestreut. wir alle büßen die irrtümer der profiteure. mein
herz ist voller wut und liebe. ich will einen weg, den ich
für mich erträume. keine welt kann mehr wert sein, als
ein einziges leben. die würde des menschen beginnt
damit, das er geboren wurde und lebt. niemand ist
weniger als lebendig. oder gar weniger wert. bitternis
drückt mich nieder. kein leben, einmal gelöscht, kann
wiedererweckt werden. warum hüten wir nicht, was
wir vorfanden? die strafe dafür wird einmal schreck-
lich sein. wenn unsere kinder uns nicht mehr erkennen,
dann haben wir umsonst gelebt. das kann uns doch
nicht gleichgültig sein. ich will mich nicht moralisch als
hurensohn wiederfinden. die ganze gelehrte scheiße,
in religionen versteckt, von den institutionen verwaltet
bleibt als missbrauch unausgeschissen in uns. ich will
doch nichts weiter als liebe und frieden für alle.

mir – peace – 和平

— jürgen polinske

„Ab jetzt fallen Bomben auf Bagdad"
liest er vom Handy ab, bedauert,
keine bessere Nachricht zu haben

Zufällig, in Suzhou, an Bonsaigärten,
am Goldfischteich mit dem Taihu-Stein
der Erstaunliches vereint in sich

Ein Adler im Versuch abzuheben,
ein Löwe kurz vor seinem Sprung,
New Yorks Fackelstatue in der Spiegelung

Kein Goldfisch zögert
all die Schatten zu durchschwimmen

vom ende der gewalt

— m. krause-blassl

„Der Grundsatz Auge um Auge
macht auf Dauer alle blind."
                              Martin Luther King

Mit Hass und Gewalt
kann man vielleicht siegen
aber niemals gewinnen
wirklicher Frieden
kommt von innen:
mit unseren Fähigkeiten
zu lieben
zu helfen
zu teilen
zu hören
zu verstehen
das Gemeinsame
im Anderen
zu sehen.

„Denn niemals hört im Weltenlauf
die Feindschaft je durch Feindschaft auf.
Durch Liebe nur erlischt der Hass
ein ewiges Gesetz ist das."
                    aus dem Pali-Kanon, Buddhismus

der narr

— dirk juschkat

Jeden Tag steht ein Mann in der Stadt
und niemand kennt ihn und den Grund.
Steht einfach da, die Füße sich platt,
und immer ein lächelnder Mund.
Will nicht mal Geld, beobachtet nur,
sieht selber recht sonderbar aus;
ist kein Passant, wohl mehr Standfigur,
doch wechselt er täglich das Haus.

Keiner hat ihn je kommen geseh'n,
und auch nicht dabei, wenn er geht;
braucht weder Trank noch Nahrung im Steh'n,
ein Denkmal, das uns nichts verrät.
Selbst jedem Kind ist er schon bekannt,
ihn ärgern traut sich aber keins;
um ihn herum ist wie eine Wand,
die allen sagt: Das hier ist meins.

So haben wir ihn längst adoptiert,
uns Namen für ihn ausgedacht;
den Sonderling, den wir akzeptiert,
der Narr, den sonst jeder belacht.
Er gehört uns, zu unserer Welt,
und gäbe es ihn einst nicht mehr,
fehlte er wie ein heimlicher Held,
das Leben braucht Narren so sehr!

ein_sicht

Aphorismen aus der Rubrik
Bericht zur Schräg_Lage der Nazi_on
— wolfgang endler

erschrick nicht
wenn du ins Gesicht
des Fremden blickst
und das deinige erkennst

selbsterkenntnis

— sabine birken

Lass es gehen
Woran dein Herz hängt
Dein Leben
Zieht dich aus
Bis auf die Herzhaut
Weit ins Jenseits
Tränengrenze

In der Einöde
Der Selbsterkenntnis
Wird dein Haar grau
Wie Trostlosigkeit
Zuspruch erreicht dich
Nie mehr Selbstbetrug
Das andere Wort

Die Freundin spricht
Nicht müde werden
Sie sieht sich selbst
Wie ich mich selbst
Blind vor Tränen
Nicht mehr sehe
Selbstgefällig

Wenn du ganz nackt bist
Fängt es richtig an
Weiß hat alle Farben
Dein Jetzt heißt Liebe

café international

— aramesh

Flüstern, Tuscheln, leises Lachen,
Kaffee schwarz mit Sahnehäubchen,
ein Gewirr von vielen Sprachen,
händchenhaltend Liebestäubchen.

Mancher liest ein dickes Buch
und ein anderer Zeitungsblätter,
das Gespräch bleibt beim Versuch,
plaudert man nur übers Wetter.

In der Ecke des Cafés geht's
hoch her und ungeniert
führt ein Mann laut Wort und stets
wird dies heftig diskutiert.

Hildegard und Khashayar
wollen es nochmal versuchen,
schön war's doch, was einmal war,
tuscheln sie beim Erdbeerkuchen.

Konzentriert am Einzeltisch
sitzt beleibt ein schwarzer Mann
isst den Strudel, apfelfrisch,
dekoriert mit Marzipan.

Asiatisch zwei Chinesen,
dort am Fenster ohne Worte,
zu den Füßen Pekinesen,
löffelnd Schokoladentorte.

Ich schlürf' aus der blauen Tasse
Türkentrank, auf den ich steh'
meinen Blick ich schweifen lasse:
Unsere Welt ist ein Café.

toleranz erbeten
— michael pilath

Wie lang der Weg ist,
wir wissen es nicht,
wir gehen ihn zu Ende,
wir gehen erhobenen Hauptes,
mit großer Hoffnung,
froher Erwartung.
Unsere Schmerzen,
wir fühlen sie nicht,
kein Blick zurück,
wir sind auf dem Weg,
dem richtigen,
voll Selbstvertrauen,
die Zukunft beschreitend.

Wir sind auf dem langen Weg
bis zum Ende...
...einem neuen Anfang...

über das projekt

— dichter für toleranz

Mit „Dichter für Toleranz" als eigenständige Initiative des SternenBlick-Vereins, wollen wir kritischen Themen einen besonderen Stellenwert einräumen. Die Publikationen haben alle einen Fokus auf gesellschaftskritische Aspekte und setzen sich ein für Toleranz, Respekt und Nächstenliebe. In unregelmäßigen Abständen entstehen neue Bücher und werden Lesungen abgehalten. Hauptverantwortlich für die Initiative „Dichter für Toleranz" sind die beiden SternenBlick-Mitglieder Stephanie Mattner und Michael Pilath. Gemeinsam stimmen sie als Herausgeber neue Themen für Veröffentlichungen ab, wählen aus den eingesandten Beiträgen aus und erarbeiten Konzepte für den Aufbau.

Alle Informationen:
www.sternenblick.org/initiativen/dichter-für-toleranz

über die herausgeber

Mattner, Stephanie
Die Wahlberlinerin studierte Germanistik mit Schwerpunkt auf das Editionswesen. Derzeit arbeitet sie für einen etablierten Selfpublishing Dienstleister. Als Mitglied bei der „Kreuzberger Literaturwerkstatt" und bei den „Poeten vom Müggelsee", bringt sie sich aktiv am Literaturgeschehen ein, was sie mit ihrem Herzensprojekt „SternenBlick" fortführt. Mit „Wortgeworden" erschien 2017 im Diotima Verlag ihr erster Gedichtband. Weitere Gedichte sind in verschiedenen Anthologien veröffentlicht.
www.stephanie-mattner.de

Pilath, Michael
Der Kölner Autor brachte bereits 1972 seinen ersten Gedichtband „Buchstabenflut" heraus und ist in vielen Anthologien vertreten. Seit 25 Jahren engagiert er sich für die Belange von Kindern und in der Integrationshilfe. Gerne unterstützt er das SternenBlick-Projekt seit der ersten Stunde. Mit „nackt und gehäutet" veröffentlicht er 2017 bei SternenBlick einen eigenen Gedichtband.
www.wortundworte.com

über den künstler

Starcke, Peter
Peter Starcke, geboren 1949 in Erfurt, lebt in Bochum, Studium der Betriebswirtschaft und Informatik, arbeitete als Informatiker u.a. am Fraunhofer Institut. Das Interesse für die Kunst, insbesondere für die Malerei wurde geweckt, unterstützt und gefördert durch seinen Kunstlehrer Kuno Gonschior, der auch international ein bekannter und geachteter Künstler war. Im Laufe der Jahre entwickelte er seinen persönlichen Stil und malt mit Kohle, Pastellkreiden, Öl-, Wasser- und Kaseinfarben und fand darüber hinaus zum Linol- und Holzschnitt und zu Radierungen. Immer arbeitet er fotorealistisch gegenständlich, zeigt Landschaften, Häuser, Straßen und Gesichter mit einem heiteren poetischen Blick auf die Welt, der intensiv und niemals beliebig ist. Seit 1982 stellt Peter Starcke regelmäßig aus oder ist an Gruppenausstellungen beteiligt. Durch seine künstlerische Tätigkeit hat er zahlreiche Ausstellungen in Banken, Galerien, Kirchen, Restaurants und Cafés durchführen können, z. B. in Erfurt, Mülheim, und Bochum. Er kann auf vielfältige Veröffentlichungen in illustrierten Gedichtbänden und Publikationen unter anderem zu den Gedichten seines Bruders Michael Starcke verweisen.
www.starckewortbilder.de

über die autoren

Bayazid, Romeo
Romeo Bayazid zog vor einigen Jahren aus dem Süden des Landes nach Berlin. Er schreibt Lyrik sowie Prosa und präsentiert seine Texte auf verschiedenen Lesebühnen in Berlin. Daneben engagiert er sich für Obdachlose.

Birken, Sabine
Die gebürtige Hamburgerin Sabine Birken, Jahrgang 1964, lebt und schreibt in Münster in Westfalen.

Can, Safiye
Safiye Can, Dichterin, Autorin, Lyrikerin der konkreten und visuellen Poesie sowie literarische Übersetzerin; in Offenbach/Main geboren, ehrenamtliche Mitarbeiterin bei Amnesty Internation, studierte Philosophie, Psychoanalyse und Jura in Frankfurt, ist Kuratorin der Zwischenraum-Bibliothek der Heinrich-Böll-Stiftung. Ihre Lyrikbände „Rose und Nachtigall" sowie „Diese Haltestelle hab ich mir gemacht" sind Lyrikbestseller. 2016 erhielt Can den „Else-Lasker-Schüler-Lyrikpreis" und den „AMF-Preis" für aufrechte Literatur. Zuletzt erschien ihre Übersetzung „Im Herzen ein Kind in der Tasche ein Revolver – ausgewählte Gedichte" (zweisprachig, Elifverlag, 2016) und ihr aktueller Lyrikband „Kinder der verlorenen Gesellschaft" (Wallstein Verlag, 2017).
www.safiyecan.de

Cesaro, Ingo
Ingo Cesaro ist freier Schriftsteller, Herausgeber, Galerist u. Handpressendrucker. Seit Anfang der 90er Jahre initiierte er nachhaltige Literaturprojekte zu dem Thema: „Gegen Gewalt, Ausländerfeindlichkeit u. Rechtsextremismus". Zweimal wurde er bereits vom „Bündnis für Demokratie und Toleranz" der Bundesregierung mit Schülergruppen nach Berlin eingeladen. Aktiv ist er auch beim Projekt „Demokratie leben" im Landkreis Kronach. Als politischer Autor hat er zahlreiche Veröffentlichungen und ist an diversen Projekten beteiligt.

Eickenhorst, Dirk
Dirk Eickenhorst, Jahrgang 1968, schreibt seit mehr als zwanzig Jahren Kurzgeschichten und Gedichte. Er hat erfolgreich an Literaturwettbewerben teilgenommen und Geschichten in Literaturmagazinen und Genrezeitschriften veröffentlicht. Seit 2015 hat er mehrere Veröffentlichungen seiner Gedichte in den Sternen-Blick-Anthologien. Um seine Prosa-Ambitionen (mehrere Romanprojekte) auf eine professionelle Ebene zu bringen, absolviert er momentan das „Fernstudium Prosaschreiben" an der Schreib-

schule der Textmanufaktur in Leipzig.
Dirk Eickenhorst ist Mitglied im Bundesverband junger Autoren und Autorinnen e.V. und betreut das Forum der Autorenwelt (www.autorenwelt.de). Er engagiert sich in mehreren gemeinnützigen Organisationen ehrenamtlich.
www.dirk-eickenhorst.de

Endler, Wolfgang

Wolfgang Endler, Jahrgang 1946, Ost-West-Berliner; Orthopädiemechaniker und Biologe; Grenzgänger zwischen den Genres; Vortragskünstler und Liederfinder mit Freude am Wortmaterial; veröffentlicht Geschichten und Gedichte in Anthologien und eigenen Veröffentlichungen; 1. Preisträger des „Hattinger Aphorismus-Wettbewerbs" 2016;
www.wolfgang-endler.de

Falk, Gerhard

Gerhard Falk, geboren 1947 in Marburg an der Lahn. Seit 1968 verheiratet mit Irene Gorschinek. Ihre beiden Söhne wurden 1970 und 1971 geboren. Als Dipl. Verwaltungswirt war Gerhard Falk für verschiedene Kommunalverwaltungen tätig und im Nebenamt Dozent für Staats- und Verfassungsrecht. Im Ruhestand schreibt er Gedichte und Kurzgeschichten, die in bisher vier Büchern (zuletzt ein Kinderbuch) erschienen sind.

Fengler, Vinzenz

Vinzenz Fengler wurde 1969 in Hoyerswerda geboren und lebt seit 2001 in Berlin. Seit Anfang der 90er Jahre beschäftigt er sich mit Photographie und schreibt Lyrik, Prosa und Stücke. Er ist Initiator und Mitherausgeber der Literaturzeitschrift „Segeblatt" und festes Mitglied der Kreuzberger Literaturwerkstatt; daneben auch regelmäßig eigene Lesungen. Veröffentlichungen in Literaturzeitschriften und Anthologien. Vinzenz Fengler ist Zweitplatzierter (zusammen mit Monika Littau) des „Polly-Preises für Politische Lyrik" 2016. Ein weiterer Arbeitsschwerpunkt ist die analoge S/W Photographie – oft bedient er sich dabei der Mehrfachbelichtung und Unschärfeeffekten. Seit der Jahrtausendwende sind Arbeiten in den Richtungen Installation, Performance und Künstlerbücher sowie Kunst-Interventionen im öffentlichen Raum hinzugekommen. In seinem anderen Berufsleben arbeitet er als systemischer Coach und Anti-Gewalt-Trainer sowie als Referent in der politischen Bildung mit den Schwerpunkten Diversity und Demokratiepädagogik.
www.vinzenz-fengler.de

Fenner, Sabine

Die Lyrikerin Sabine Fenner wurde 1952 in Flensburg geboren.

Viele ihrer Gedichte beschreiben das Land Schleswig-Holstein und die Waterkant. Des Weiteren setzt sie sich mit sozialkritischen Themen textlich auseinander. Sie schreibt, weil sie etwas zu sagen hat! Ihr erster Lyrikband „Ich zeige dir den Regenbogen", den sie ihrer blinden Mutter widmete, erschien im Jahr 2005. In den Jahren darauf folgten weitere Veröffentlichungen, Beiträge in Anthologien und Zeitschriften. Im Jahre 2009 gründeten sie zusammen mit der Mitarbeiterin des Hotels Handelshof Anna Ladage und dem Lyriker Manfred Wrobel die „Mülheimer Lesebühne". Für diese Veranstaltungen der „Kunst" wird kein Eintritt erhoben, um so jedem Literatur, Kunst und Musik näher zu bringen.
www.sabine-fenner.com

Gröger, Birgit
Birgit Gröger, Mutter zweier Kinder, studierte in Bayern Germanistik, Erziehungswissenschaften Religions- und Grundschulpädagogik. Heute lebt sie mit ihrer Familie im Taunus. In Frankfurt am Main unterrichtet sie Kinder mit vorwiegend ausländischen Wurzeln. Mit LeKoWa ® entwickelte die Lehrerin ein Konzept, welches sich mit Lern-, Konzentrations- und Wahrnehmungsförderung befasst. Sie engagiert sich für die Leseförderung und ist ehrenamtlich unter anderem als Jugendschöffin tätig.
Birgit Gröger schreibt redaktionelle Beiträge für verschiedene Anthologien und Internetforen. Sie hat bereits mehrere Bücher veröffentlicht sowie Hörbücher gesprochen und herausgegeben, zum Beispiel: „Ab heute bin ich stark - (Vorlese-) Geschichten, die selbstbewusst machen" und „Geschichten zum Träumen und Mut machen"(Hörbuch). Mit dem Erlös ihrer Projekte unterstützt die Lehrerin wohltätige Organisationen für Kinder in Not.
www.birgit-groeger.de

Hainer, Tobias
Tobias Hainer, geboren in Marl. Studium der Germanistik und Geschichte. Lebt, schreibt und musiziert in Hannover. Er ist seit über 20 Jahren in emanzipatorischen sozialen Bewegungen aktiv und setzt sich seit Jahren in seiner Lyrik mit politischen und gesellschaftlichen Themen auseinander. Er veröffentlichte in verschiedenen Anthologien, auch mehrfach bei SternenBlick. Als eigenständige Werke sind von ihm erschienen der Gedichtzyklus „Freies Fließen im biegsamen Korsett" (2012) und der Gedichtbildband „Galerie des Entsetzens" (Seitenhiebverlag, 2014).

Junk, Jens
Jens Junk, geboren 1945 in Hamburg, lebt seit einigen Jahren auf La Palma. Abgesehen von kleineren Texten – Protest- und Liebesliedern aus den 1960er Jahren, nahm sein literarisches Wirken erst ab 2003 an Fahrt auf. Verschiedene Gedichtformen veröffent-

lichte er in diversen Anthologien (auch bei SternenBlick) und in Form von eBooks im Onlinehandel. Mit „2. Aufguss: Junk-lyrics Auslese von gestern bis morgen" erschien 2018 sein erstes gedrucktes Buch im Selbstverlag, das eine Auswahl aus den bisherigen Veröffentlichungen des Autors enthält.

Juschkat, Dirk

Geboren 1962, lebt und dichtet in der Ruhrgebietsstadt Gladbeck. Seine Werke handeln von der Vielfalt des menschlichen Alltags und den damit verbundenen Themen und Erlebnissen, die er auf unterschiedlichsten Betrachtungsebenen verarbeitet.

Sein Motto: „*Ein gutes Lied und ein gutes Gedicht haben immer eines gemeinsam: Sie lassen innere Bilder entstehen und berühren die Seele.*"

Bereits kurz nach seinem Einstieg in die Literaturszene Gladbecks mit zahlreichen Lesungen im Kleinkunstbereich erfolgten 2011 die ersten Veröffentlichungen, darunter die beiden Lyrikbände „Längswege" und „Abgebogen". Unter dem Titel „Leise Gedanken" stellte Dirk Juschkat 2012 seine dritte Gedichtsammlung vor. Seitdem erschienen eine Hör-CD, einige E-Books sowie Beiträge in diversen Anthologien.

www.dirkjuschkat.de

Krause-Blassl, Michael

1954 geboren, aufgewachsen an der innerdeutschen Grenze, lebt in Wetzlar (Hessen), arbeitet als Grundschullehrer in der Nähe von Gießen, ist verheiratet und hat zwei Kinder.

Seit dem 16. Lebensjahr schreibt er Gedichte und Prosa. Viele Beiträge sind in Anthologien erschienen. Weitere Veröffentlichungen: „Das Lied des Wüstenvogels" (biographischer Roman, Franzius Verlag), „Die Melodie von Allnir – Fast ein Märchen (phantastische Erzählung), „Ende und Anfang – Märchen aus der Zukunft", „Lebenssplitter" und „Lebensflackern" (Gedichtbände)

www.wüstenvogel.de

Mach, Wolfgang

Wolfgang Mach ist 1946 in Ludwigsburg geboren, lebt seit 1973 in Bad Waldsee, Oberschwaben.

1964 begegnete er zum ersten Male Gedichten von Giuseppe Ungaretti die ihn nachhaltig beeindruckt haben. Er lernte Drucker, studierte Werbung und Verlagsherstellung an der Ingenieurschule für Druck in Stuttgart. War tätig als Werbeleiter, Chefredakteur und leitete 30 Jahre erfolgreich die eigene Werbeagentur. Dabei hat er sich schon immer mit Worten herumgeschlagen mit Werbetexten, als Ghostwriter und mit journalistischer „Schreibe". Seit 2014 ist er Privatier und hat seine Liebe zur Lyrik neu entdeckt.

Seine Gedichte sind in über 40 Anthologien und Literaturzeitschriften erschienen. Er selbst sagt von sich: „Ich stolpere von realen Phantasien zu surrealen Wirklichkeiten".

Mylow, Daniel

Daniel Mylow, geboren 1964 in Stuttgart, Studium in Bonn und Marburg, Lehrer in Kassel, Hof und Marburg sowie Dozent für Literatur und Poesiepädagoge. Veröffentlichungen in Literaturzeitschriften und Anthologien, diverse Auszeichnungen, zuletzt „Kempener-Literaturpreis", Preis der Sparkassen Stiftung Groß Gerau und „Merck-Stipendium" der Stadt Darmstadt, alle 2017. Im Mai 2017 erschien im Cocon-Verlag Hanau der Roman „Rotes Moor".

Naziri, Barbara

„Ich bin eine jüdische Pflanze in persischer Erde, Blütestandort Norddeutschland."
Autorin und Lyrikerin (Aramesh) und Menschenrechtsaktivistin. Wohnhaft in Hamburg. Buchveröffentlichungen: „Grüner Himmel über Schwarzen Tulpen", „Herbstgeflüster", „antastbar – die Würde des Menschen", „Märchenspiegel der Aramesh" und „Vor unserer Tür" (SternenBlick).
Mitbegründerin von AGDAZ (Arbeitsgemeinschaft Deutsch-Ausländische Zusammenarbeit), Hamburger Flüchtlingsrat sowie IMUDI (Initiative für Menschenrecht und Demokratie - Iran), sowie Mitglied im Auschwitzkomitee.
barbara-naziri.npage.de

Neidig, Dagmar

Sie ist 1950 in Dessau geboren und in Berlin-Friedrichshagen aufgewachsen. Zeit ihres Lebens bleibt sie dem „Musenort" Friedrichshagen fest verwurzelt. Sie studierte in Leipzig Wirtschaftswissenschaften und Journalistik. Die Diplom-Journalistin arbeitete viele Jahre als Leiterin von Pressestellen und Marketingabteilungen sowie als Pressesprecherin großer Berliner Unternehmen. Sie ist Mitglied im Deutschen Presse Verband – Verband für Journalisten e.V. Nach Eintritt in den Ruhestand ist sie weiter als freie Journalistin und Autorin aktiv. Als Mitglied des Vereins der „Poeten vom Müggelsee" widmet sie sich seit 2013 verstärkt der Lyrik. Ihre poetischen Werke sowie Kurzgeschichten sind in zahlreichen Anthologien veröffentlicht. Zudem hat Dagmar Neidigk das Malen für sich entdeckt. Insbesondere grafische Arbeiten sind in verschiedenen Ausstellungen in Berlin und Brandenburg zu sehen.

Polinske, Jürgen

1954 in Potsdam geboren, als ältestes von sechs Kindern. Aufgewachsen in Luckenwalde;

Dienst an der Staatsgrenze der DDR, dann Fachschulstudium zum Bibliotheksfacharbeiter; Verheiratet, zwei Kinder; Von 1990 bis April 2018 Obermagaziner der Zentralen Universitätsbibliothek der Humboldt-Universität zu Berlin; inzwischen Rentner.

Zahlreiche Veröffentlichungen seiner Gedichte in Anthologien und Zeitschriften; Als eigenständige Gedichtbände sind u.a. erschienen: „in guter Gesellschaft" (Nora-Verlag Berlin, 2004), „stürmische Umarmung" (Nora-Verlag Berlin, 2007) und „Am Ende der Siesta / AlFinal de la Siesta" (Ediciones Viernes Literarios Lima, mehrsprachige Ausgabe, 2010). Daneben ist Jürgen Polinske seit 2007 auch Herausgeber mehrerer Anthologien, z.B. „… am Leben gewinnen wir", „Cita de la Poesia"; „Arboretum" ; „Dulcinea lebt, Herr Quijote" und „brennen auf den Nägeln und der Seele".

Reuter, Peter

Geboren im letzten Jahrhundert, nämlich 1953. Als Schreibender unterwegs in den Bereichen Kurzgeschichte und Satire, meist zeitkritischen Gedichten und dem Haiku. Die Wurzeln liegen beim politischen Kabarett, wo alles als Texter begann. Neben fünf eigenen Büchern ist er in allen Ausgaben der „Wortschau" als Magazin oder Buch, in einigen Anthologien und Literaturzeitschriften vertreten. Bis 2014 Mitherausgeber der „Wortschau", welche er mit Wolfgang Allinger gegründet hat. Peter Reuter war Stadtschreiber in Bad Bergzabern und ist aktuell Vorstandsmitglied des „Verbands deutscher Schriftsteller" in Rheinland-Pfalz. Ferner gehört er dem „Literarischen Verein der Pfalz" an. Er arbeitet unter anderem für das Radio und veröffentlicht auch fleißig im journalistischen Bereich. Mit seiner Familie lebt er in der Südpfalz.

Rische, Matthias

Matthias Rische, geboren 1964 in Berlin. Schreibt Gedichte und Kurzgeschichten seit seiner Jugend.

Der erste Roman „Jakub" ist im Dezember 2010 unter dem Pseudonym MATT RIIS im Neubuchverlag erschienen. Der zweite Roman „ich und Ich" ist eine surreale Komödie und erschien ebenfalls unter dem Pseudonym MATT RIIS im März 2011 im Neubuchverlag. 2015 ist der Erzählband „(un)gezähmt – Erzählungen zwischen Leben und Tod" im Selbstverlag erschienen. Die Texte von Matthias Rische sind oftmals sehr rau und beschreiben die Realität teilweise drastisch. Sie sollen zum Nachdenken anregen und Diskussionen in Gang setzen. Seit 2014 betreibt er u.a. die Lesebühne „FÜR_WORT" in Berlin-Schöneberg.

Schwarze, Christiane

Geboren 1960 in Uslar. Lebt in Homberg (Ohm). War als Logopädin in eigener Praxis tätig, jetzt freie Schriftstellerin. Mitglied im „Verband Deutscher Schriftsteller und Schriftstellerinnen (VS)",

„Literaturgesellschaft Hessen e.V." und „Verein Schreibwerkstatt Marburg". Zahlreiche Literaturpreise und internationale Künstlerstipendien; Sechs Bücher (vier zusätzlich noch in Braille-Schrift erschienen), vier musikalisch inszenierte Hörbücher, über 270 Einzelveröffentlichungen in Literaturzeitschriften, Anthologien und Kunstprojekten.

Seit über 30 Jahren schreibt Christiane Schwarze gesellschaftskritische Texte, von denen sich viele mit Freiheits- und Frauenrechten befassen. Ein persönlicher Schwerpunkt ihres Engagements gilt dabei zwar dem Thema „Teilhabe von Frauen mit Behinderung", doch setzt sie sich ganz grundsätzlich für die Partizipation ALLER Menschen ein. Seit 16 Jahren arbeitet sie zusammen mit der Komponistin/Pianistin Eva Batt. Gemeinsam bilden sie das literarisch-musikalische Duo „TonSatz". Das Anliegen von „TonSatz" ist es, mit den Mitteln der Kunst Menschen in den Blickpunkt zu rücken, die im gesellschaftlichen Schatten stehen.

Unausgesprochen sind viele Texte von Christiane Schwarze ein Appell an das Gewissen. Denn genau darum geht es, aufzuwachen aus dem bequemen Zustand lethargischen Unbeteiligt Seins. Zu spüren, dass es für jeden Menschen ein Mindestmaß an Recht geben muss! Und dass zwar niemand „die ganze Welt" retten kann, aber jede/r einzelne von uns etwas zu tun vermag.
www.christiane-schwarze.de

Starcke, Michael

Michael Starcke, geboren 1949 in Erfurt, gestorben 2016; lebte und arbeitete als Lyriker und Rezensent in Bochum. Er war Mitglied im „Verband Deutscher Schriftsteller" (VS), in der europäischen Autorenvereinigung „Die Kogge" und im „PEN-Zentrum Deutschland". Verschiedene Auszeichnungen und Preise, u. a. den „Alfred-Müller-Felsenburg-Preis" für aufrechte Literatur (2013) Zahlreiche Veröffentlichung in literarischen Zeitschriften und Anthologien und 26 eigenständige Veröffentlichungen, u.a. „Das Meer ist ein alter Bekannter, der warten kann" (Elif Verlag, 2016) und „Zwillinge" (Elif Verlag, 2016). Beiträge im Bayrischen Rundfunk, im WDR, in Radio Bozen und Mitherausgeber der „Bonner Literarischen Zeitung" (1986-96). Daneben Mitwirkung bei verschiedenen Buchveröffentlichungen der „Bochumer Autoren e.V."

Skurril, Phil

Berliner Dichter und Künstler, der unter seinem Pseudonym schreibt.

Tautz, Magnus

Magnus Tautz, 1968 in Berlin geboren; verheiratet, vier Kinder; nach dem Studium der Germanistik und Theologie in Erfurt und Berlin ist er als Lehrer in Fürstenwalde (Brandenburg) tätig und lebt heute in Berlin. Die Lyrik ist sein literarischer Schwerpunkt, er textet aber auch ab und an für kleine Theaterinszenierungen. Bisher sind seine Gedichte vornehmlich in Anthologien erschienen und im „Poesiealbum neu". Anzutreffen ist er bei ebenfalls bei öffentlichen Lesungen.

Tüx, E.C.T.

Texte von E.C.M. Tüx, geboren 1982 in Berlin. Sie schreibt seit vielen Jahren Gedichte, lyrische Prosa und Geschichten und arbeitet derzeit an einem Roman. Seit 2008 nimmt sie regelmäßig an Lesungen teil und liest häufig bei der „Kreuzberger Literaturwerkstatt".

Ullmann, Nepomuk

Nepomuk Ullmann ist einer der produktivsten Lyriker der Neuzeit. Über 40.000 Texte sind seiner Schreibmaschine bisher entsprungen. Der 1943 in Bremen geborene Dichter sicherte sich nach dem Handelsabitur mit zahlreichen Aushilfsstellen das Überleben, bis er sich schließlich hauptberuflich als Autor etablierte. Seit 1968 wohnt er in Berlin und leitet dort bereits seit über 45 Jahre die „Kreuzberger Literaturwerkstatt". In verschiedenen Verlagen publizierte Nepomuk Ullmann an die 50 Bücher, die sich im Kern mit dem zentralen Lebensthema: ‚Liebe' auseinandersetzen - die sinnliche Liebe zwischen zwei Individuen, die unerfüllte, schmerzhafte Liebe und vor allem aber die Liebe als Heilmittel einer zerrütteten Welt.

Uphoff, Robin

Robin Uphoff ist ein junger Schriftsteller, der bereits mit seinen Erstlingswerken für Aufmerksamkeit sorgte und bislang in verschiedenen Anthologien veröffentlicht wurde. 1991 als drittes von sechs Kindern in Marburg geboren, zog es ihn bald zum Studium nach Berlin. Er verfasst Gedichte und lyrische Kurzgeschichten, in denen sich die facettenreichen Trümmerherzen der Großstadt verbergen.

167

Inhaltsverzeichnis